Paixões do ser

uma captura monstruosa

SANDRA DIAS

PAIXÕES DO SER
UMA CAPTURA MONSTRUOSA

Companhia de Freud
editora

EDITORAÇÃO ELETRÔNICA
FA - Editoração Eletrônica

REVISÃO
Sandra Regina Felgueiras

ILUSTRAÇÃO DE CAPA
O Jardim dos Prazeres - 1516
Tríptico: O Jardim do Eden e a Criação de Eva
Hieronymus Bosch

FICHA CATALOGRÁFICA

D541p

Dias, Sandra.
Paixão do ser : uma captura monstruosa / Sandra Dias. – Rio de Janeiro : Companhia de Freud, 1998.

136 p. ; 23 cm.

ISBN 85-85717-17-3

1. Psicanálise. 2. Energia psíquica (Psicanálise) 3. Psicanálise - Na literatura. I. Título.
CDD - 150.195

Companhia de Freud
editora

ENDEREÇO PARA CORRESPONDÊNCIA
Rua Visconde de Pirajá, 547 - Sala 702
Cep 22415-900 - Ipanema - Rio de Janeiro
Tel.: (021) 540-7954 – Telefax: (021) 239-9492
email: tereza@ism.com.br

ÍNDICE

A PSICANÁLISE NA UNIVERSIDADE

Quando se estuda o tema do objeto em psicanálise, marcando na obra de Freud o seu desenvolvimento e a contribuição lacaniana para tal questão, constata-se que Freud, apesar de lançar todos os fundamentos do campo psicanálitico, não esgotou totalmente a problemática do objeto. A abertura deixada no campo epistêmico permitiu a Jacques Lacan criar algo absolutamente novo, que ele situa como sua única invenção: a teoria do objeto *a*. Estudar o tema do objeto em psicanálise, articulando as idéias desses dois geniais clínicos, não implica em sugerir que haja uma continuidade entre o pensamento freudiano e o lacaniano, mas significa revelar o avanço produzido na clínica psicanalítica, operada pelo retorno a Freud de Jacques Lacan.

Freud colocou no centro de sua teoria o conceito de castração, ligou-o ao conceito de falta e situou o objeto de modo simbólico, e não empírico, no plano da linguagem. Esses refinamentos teóricos escaparam aos pós-freudianos, em especial os analistas da chamada Psicologia do Ego, que não conseguiram ver o alcance clínico dessas colocações; criticaram, rejeitaram e alguns até chegaram a afirmar que não havia teoria do objeto no pensamento freudiano. A contribuição lacaniana é recolocar que a problemática do objeto só pode ser elucidada ao se utilizar o conceito de castração, o qual será operacionalizado através do conceito de carência.

A leitura que Lacan faz do tema objeto aparece ao longo de sua obra de modo disperso, porém, mais marcadamente, nos seminários *A ética*, *As relações de objeto*, *Os quatros conceitos fundamentais*, *A lógica da fantasia*, *O ato psicanalítico*, *De um Outro ao outro* e *Ainda*. No curso dos seminários o estudo do objeto foi modalizado, passando pela concepção dos registros imaginário, simbólico e real, pela concepção lógica e terminando na concepção topológica do objeto.

Para se realizar um estudo exaustivo sobre o tema baseado na formalização lacaniana do objeto, tem-se que considerar o plano da lógica e da topologia. A apresentação de um trabalho onde se mostre o objeto como sendo lógico e topológico passa pelas seguintes fases, segundo Raul Sciarretta.

1 - A constituição do sujeito e o aparecimento do objeto: as operações de alienação e separação;

2 - O objeto *a* como sendo efeito de corte e lugar significante;

3 - A lógica da fantasia: a conjunção impossível de termos heterogêneos - $\$ \lozenge a$[1];

4 - A estrutura do sujeito e a repetição: as três vias de realização da falta: *acting-out*, passagem do ato e ato;

5 - O objeto como função referida ao real: o mais-gozar.

No projeto original da tese, parti desse esquema e iniciei o trabalho de compilação e redação sobre o tema, o que resultou num texto de linguagem muito próxima do que se convencionou chamar no meio psicanalítico de "lacanês", isto é, um código a ser decifrado por leitores iniciados. O problema que se coloca para qualquer psicanalista no contexto da universidade e demais instituições culturais é como transmitir um saber que opera na clínica psicanalítica sem resvalar para um texto fechado como um código ou para uma aplicação de conceitos ao modo jornalístico, superficial e impreciso. Em síntese, a questão que se coloca quando se visa à interlocução é como é possível transmitir um saber que se coloca como verdade, no contexto de outros saberes, guardando sua especificidade.

A segunda etapa do trabalho se circunscreveu ao modo como apresentar a clínica psicanalítica, levando em conta seus fundamentos teóricos. Essa tarefa se mostrava impossível porque o plano inicial da tese era o de apresentar um saber totalizante sobre o objeto, o que gerava um falso impasse: elaborar o tema do objeto conceitualmente, baseando-se no discurso filosófico, ou elaborá-lo do ponto de vista puramente clínico, isto é, através da casuística. Falso impasse, porque o meu objetivo era o da transmissão e não do ensino; revelar um saber derivado da análise, isto é, mostrar a importância do pensamento lacaniano para os avanços da psicanálise no que tange ao conjunto das operações clínicas que se dão no processo de uma cura.

---

[1] $\$ \lozenge a$ - Fórmula da fantasia fundamental proposta por Lacan, onde $\$$ representa o sujeito em sua causa simbólica, *a* representa o sujeito em sua causa real e o losango representa o que une os dois elementos heterogêneos, elemento que pertence ao registro do imaginário.

A escolha do modo de apresentação da clínica psicanalítica apresenta muitos problemas uma vez que ela tem oscilado entre três versões: o da casuística, o da formalização e o da ficção. O plano da formalização é criticado e rejeitado na universidade, através do atributo lacanês, um código e fórmulas vazias sem aplicabilidade clínica. Efetivamente, há autores que assim procedem, mas a formalização pressupõe um domínio do conjunto da obra lacaniana e freudiana ao lado da própria experiência de analisante, muito difícil de ser levada a cabo na universidade, uma vez que os discursos em que esta se apóia recalcam a verdade do sujeito que ensina. A casuística, como modo de apresentação, resvala na questão ética, já que não é possível pedir consentimento ao analisando para revelar suas particularidades, sem prejudicar e até impedir a análise. Ao pedir o consentimento do analisante, além de haver uma demanda do analista ao analisante, ao apresentá-lo como um caso, ele é destacado como objeto de atenção especial do analista — objeto estudado, o que remete às questões próprias de uma análise: ser um objeto amado ou rejeitado, perseguido ou invadido, elogiado ou maltratado. Questões que só se resolvem com a travessia do fantasma[2] ao final de uma análise. Não pedir autorização ao analisante, como solução, poderia ocasionar num futuro próximo uma perversão analítica, tal qual vemos no caso de Freud nomeado "O homem dos lobos". A terceira versão, a da produção de uma ficção, tem sido defendida por alguns lacanianos como a melhor forma de transmissão; se a ficção diz respeito ao modo de reinventar o real, ela revela a presença ética do analista no mundo: ou seja, através de uma ficção o psicanalista transmite uma verdade e os fundamentos de sua ação. Mas fazer ficção em psicanálise como modo de reinventar o real não pode ser atrelado à produção de romances, pois os avanços em psicanálise dependentes do talento literário seriam raros. Freud, no que tange à transmissão em psicanálise, utilizou freqüentemente a fonte das grandes criações da literatura, para explicitar suas elaborações teóricas, mas este procedimento era mais um recurso do que uma ficção, pois visava demonstrar os seus conceitos e articulações. Para tratar uma tema tão complexo como este, um recurso dessa natureza se mostraria suficiente e, finalmente, por onde começar?

Ao rever e analisar a origem do que me induziu ao estudo do tema, o final de análise, encontrei a alavanca que iniciou meu movimento na direção pretendida. A teoria do objeto, em Lacan, está estreitamente ligada à teoria da

---

[2] Usarei para a fantasia inconsciente tanto o termo fantasia como fantasma, pois encontrei ambos os termos nos textos estudados. Não há necessidade de uma grafia especial para a fantasia consciente — o devaneio, pois o termo não foi utilizado.

fantasia, esta postulada em termos de uma lógica que conduz inexoravelmente a um ato. Sendo a colocação de um objeto, o ato revela sempre a lógica da fantasia e conecta-se internamente com a pulsão. É exatamente nesse ponto que se destaca a grande originalidade da leitura lacaniana ao articular objeto, fantasia e ato, e colocar as operações clínicas de um final de análise.

Lacan proclamou-se freudiano nos seus seminários, destacando para seus ouvintes que ser lacaniano não era algo que lhe dizia respeito, eles que fizessem dessa predicação o que bem lhes conviesse. A interpretação dessa frase se refere ao fato de que, apesar de ter construído uma obra com características próprias, de ter um estilo pessoal, de ter não só renovado como acrescentado inovações e mesmo rejeitado certas posições teóricas, Lacan nunca deixou de beber diretamente na fonte da psicanálise, que para ele é a obra freudiana, tanto para suas inspirações como para as críticas ou para as renovações.

Se, na sua releitura, Lacan se proclama freudiano, não é mais possível ser freudiano sem Lacan, o que significa que se deve tomar cada texto como possibilidade de ir ao coração do real, enfim, reinventar o real. Para tanto, deixar o texto, um caso, uma peça literária, uma teoria ou um discurso sobre um acontecimento ressoar em nosso movimento desejante e segui-lo passo a passo, enquanto nos revela o saber inconsciente que nos habita, saber que aponta o impossível, cujo efeito pode ser a produção de uma ficção: um texto que reinvente o real pelo qual cada analisante foi transpassado na sua jornada.

Sob essa perspectiva, busquei identificar qual era o texto de Freud que mais me servia de inspiração no estudo do objeto, revelando-se assim "O estranho". Sempre que uma dificuldade aparecia eu relia o texto, que funcionava como "caso *princeps*" e onde se encontravam elementos fundamentais para articular objeto, fantasia e ato. Resolvi fazer então uma leitura nos moldes lacanianos de "O estranho", de Freud, isto é, usar das categorias do real, do simbólico e do imaginário e do conceito de espaço topológico.

O resultado dessa leitura revela o que Lacan virá nomear como objeto *a* — "minha invenção" —, constituição derivada da sua colocação do inconsciente como real, isto é, a estrutura como carente, aberta. A estrutura carente responde às teorizações de Freud sobre o objeto perdido, pelo fato de fundar o inconsciente através do conceito de desejo. O objeto perdido freudiano é a versão do inconsciente não como recalcado, mas como lugar de uma experiência originária de um gozo, onde se joga a verdade do desejo. Esse centro incógnito, lugar da hiância, é o que Lacan situa como lugar do objeto *a*, lugar do gozo, ponto de falta no Outro, ponto sobre o qual se organizará a fantasia do sujeito. O recobrimento dessa hiância pela fantasia indica a existência de uma cicatriz, de um recalque originário, onde vêm se alojar os objetos substitutos do objeto mítico. Neste texto especificamente, a areia é o objeto escópico que responde pelo ato do sujeito, objeto que aparece em toda a sua crueza, sem nenhum recobrimento narcísico.

Ao escrever "O estranho" Freud está elaborando sua teoria do narcisismo, onde evidencia a questão do duplo, ou seja, do outro especular, e está criticando Jung por dessexualizar a libido. Embora tenha enfatizado o real e o imaginário, não lhe escapou o simbólico, pois os lugares topográficos estão todos preservados: lugar do objeto, lugar da pulsão, lugar do super-eu[3], lugar do sujeito.

Tomar o texto "O estranho" como ponto de partida para estudo do objeto implica privilegiar a articulação pulsão-objeto em detrimento da articulação desejo-objeto, deixando-se de lado um amplo desenvolvimento sobre o objeto na obra lacaniana. Significa privilegiar também o objeto na vertente real, em detrimento da simbólica, o sujeito em gozo em detrimento do sujeito desejante, a fantasia imaginária em detrimento da fantasia simbólica. Contudo, isso não deve ser interpretado como uma insuficiência em relação ao estudo, mas como um recorte que permite situar novos aprofundamentos.

Por se tratar de psicose, o recorte pulsão-objeto elaborado a partir da análise de "O homem de areia" mostra a estrutura em sua origem, o ponto anterior à fundação do sujeito, onde pulsão e objeto, por falha da *Urverdrangung* (o recalque originário), ao se articularem, revelam o objeto e o super-eu tomados no plano real e não simbólico, e num ato que implica geralmente em dano ao corpo, questionando assim o conceito de corpo em psicanálise.

Tratar do tema objeto *a* a partir da psicose privilegia a montagem pulsional responsável pela construção de um corpo libidinal e pelos momentos anteriores ao advento do sujeito. Na óptica lacaniana, implica em privilegiar o gozo em detrimento do desejo, uma vez que o gozo é definido como uma satisfação pulsional; privilegia o campo do Isso em detrimento do inconsciente, já que o campo do Isso se refere ao sujeito alienado em posição do objeto.

Elaborar um trabalho sobre o objeto partindo-se do texto "O estranho" implica um recorte nesse tema, que enfatiza o auto-erotismo. O auto-erotismo situa um momento primordial onde a pulsão e o objeto estão separados, em que

---

[3] Usarei para os termos freudianos *Ich* e *Es* o que foi sugerido pelo tradutor do Seminário I de Lacan. Assim *Ich* = eu e *Es* = isso, bem como usarei super-eu, Ideal de eu e Eu Ideal, pois na releitura lacaniana o termo ego conota um desvio que não considera a natureza do *Ich* freudiano e a precisão conceitual que o termo envolve.

não há constituição do objeto (simbólico), exterior ao corpo do sujeito, e em que vigora o regime incorporativo no nível da identificação. Na reelaboração de Lacan, implica em destacar o sujeito do gozo (o ser da fantasia) em detrimento do sujeito do inconsciente (sujeito das formações inconscientes) que revela o ser desejante. Significa ainda, no domínio da lógica da fantasia, enfatizar a impossível localização do ser do sujeito, devido ao fracasso de apreensão do objeto que resulta numa atopia, podendo levar a uma tragédia que, por ser uma tragédia do desejo, pode levar o sujeito à morte. Ao não aprender no campo da representação o objeto do desejo, este não se constitui como perdido, ficando a pulsão, e o ser do sujeito que aí se revelaria sem arrimo. O objeto perdido, ao ser captado pelo significante, situa a essência do homem como a de um ser sem essência, ser que se realiza como objeto de um desejo.

A não-localização do gozo, a não-constituição do objeto deixa o psicótico à deriva, seu ser não fixado em um objeto restringe-se a um ser de puro gozo, a um puro vazio. Esse ser, puro vazio que é bem mais um não-ser, pois não está representado no aparelho desejante, se sustentará na pulsão para tentar suprir a falha de uma inscrição fundamental, que daria a marca de seu ser. Para suprir essa falha, esse ser terá de reconstruir o que Lacan chama metáfora paterna, a partir do registro do imaginário. Esse ser em busca de arrimo, ancorado na pulsão, fará uma suplência, que resultará numa convicção delirante acerca do objeto, uma captura que o apaziguará.

A desmontagem do romance "O perfume" nos permite criar uma ficção que revela que a busca desse arrimo na psicose — a localização do seu ser, do seu gozo — terá os contornos de uma paixão desenfreada, com predomínio do ódio, cujas consequências se revelam catastróficas, uma vez que, nessa captura, imagem e objetos estão confundidos, e a certeza quanto ao objeto agarrado é delirante. Uma captura dessa natureza, por sua lógica inerente, pode levar a um ato que implique em danos no corpo do semelhante ou do próprio sujeito, revelando-se à sociedade como algo monstruoso, ou seja, como uma captura monstruosa. A mídia reforça este recurso imaginário frente ao real, ao mostrar e enfatizar o horror que o espectador sente diante dos atos derivados de uma captura monstruosa para a qual não vê nenhuma razão possível, criando uma nova categoria de monstro: o *serial-killer*, onde não é possível distinguir os atos derivados de uma lógica perversa e os atos derivados de uma lógica delirante.

Ao usar o adjetivo monstruoso, quero enfatizar o caráter de aparição (de algo que se mostra) e o caráter de assombração (algo que irrompe e assusta), na verdade, a presença real do objeto, sempre oculto, e que aos olhos do homem comum, dito normal, é mostrado, é visto, no ato resultante de uma convicção delirante de um ser em sofrimento, que é apenas um mártir do inconsciente, não um *serial-killer*, uma nova categoria, pois a única categoria possível em psicanálise é a do sujeito, sujeito que através dos seus atos tenta se desembaraçar de um gozo anômalo que o atormenta. O termo *serial-killer* não se refere à posição subjetiva, refere-se tão somente ao horror do ato, destaca somente a contagem em série que aparece para o observador como barbaridades cometidas, apontando para o um do gozo, extraído do corpo do outro. Nosso trabalho é explicitar a posição subjetiva do delirante, decorrente da lógica interna de sua fantasia, evitando a confusão com uma ética perversa, amplamente divulgada nesses tempos pós-holocausto.

A psicanálise introduz a teoria do sujeito em oposição à teoria do indivíduo. A psicologia situa o homem como "coisa que responde" e o estuda através da comunicação, concebe-o como indivíduo, isto é, como um uno, inteiro, que utiliza a linguagem para se comunicar com outro inteiro, indiviso, garantindo, assim, sua sobrevivência, seu bem-estar e dando significado ao mundo e à sua existência. O interesse do psicólogo, ao observar o homem como objeto de estudo, é ver os padrões de comunicação, as interferências, seus resultados, para auxiliar o homem a corrigir o que falha na mensagem. O sujeito para a psicanálise é dividido e escapa a qualquer circunscrição; sendo aquele que fala, o lugar de toda enunciação, só pode ser pensado a partir do discurso. Ao situar o sujeito dividido no plano da linguagem, o caso clínico para o psicanalista apresenta uma especificidade que impede que se possa usar o método de observação, pois tem que levar em conta, na dimensão da fala, o plano do enunciado e da enunciação. O "caso clínico" para o psicanalista não é o homem, animal simbólico, que visa à comunicação, é "o discurso concreto de um sujeito particular", o que implica que se possa tomar como objeto de estudo qualquer relato que implique a fala de um sujeito, seja real ou ficcional: um texto literário, uma obra cinematográfica, um relato de um acontecimento ou um fragmento de sessão, desde que aptos para revelar a estrutura que rege o destino do homem.

A literatura, o cinema e as artes são fontes às quais os psicanalistas recorrem com freqüência para elucidar as complexas e refinadas articulações conceituais que operam na clínica. Freud, o pioneiro no campo das psicoterapias, com farto material de sessões, em muitos pontos de sua articulação teórico-clínica optou pelo uso da literatura. Ele considerava que o poeta tinha uma capacidade expressiva inigualável para explicitar os fenômenos inconscientes; o talento do escritor, nesses casos, era o de revelar com mestria o saber inconsciente, saber que se revelava ao longo de uma análise, a qual, muitas vezes, ele não conseguia exprimir com clareza em seus textos.

A psicanálise trabalha com a fantasia inconsciente e não com a realidade objetiva, sendo que essa fantasia é sempre ficcional, constitui o saber insabido do sujeito, janela através da qual percebe o mundo. A fantasia inconsciente constitui a realidade psíquica do sujeito, encobre o real, dá lenitivo ao horror frente a um gozo anômalo; e se expressa nos comportamentos, nas percepções, nas leituras que o sujeito faz do mundo, nas suas produções e nas suas criações. Tudo o que vier de um sujeito, seus feitos e mesmo um filho é apto para revelar algo de sua fantasia inconsciente, ou seja, uma certa posição subjetiva. Nesse sentido, a psicanálise não emparelha o par realidade-fantasia ao par verdade-mentira, pois toda fantasia entendida como ficção é um construto feito a partir da verdade histórica do sujeito. A ficção para o psicanalista é uma invenção que tenta dar conta de um real, o real como a verdade indestrutível do sujeito que resiste ser simbolizada.

Quando um escritor apresenta uma obra, o psicanalista sabe que ele bebeu na fonte do próprio inconsciente, que essa criação revela o saber inconsciente que o habita e expressa uma fantasia que é sempre universal por estrutura. O escritor revela assim a própria estrutura do inconsciente, com riquezas e refinamentos num discurso que, na maioria das vezes, o analista não é capaz de produzir; ao fazer sua ficção, o escritor, independente da qualidade literária do texto, pode mostrar com precisão a posição do sujeito frente o real, suas estratégias e seus fracassos, tal como um analista acompanha no curso de uma cura. Mas para que um romance, uma poesia ou um conto apresente esse caráter de ficção, é necessário um leitor em uma determinada posição subjetiva, a do sujeito que vai desmontando a trama, ponto a ponto, até o coração do real. É a desmontagem do texto que reinventa o real e produz uma ficção, isto é, ela só pode surgir como resultado da leitura e das pontuações de um sujeito em posição de analisante.

O material com o qual pretendo explicitar a articulação dos conceitos pulsão-objeto derivará da trama tecida no texto literário "O perfume — história de um assassino" de Süskind, por considerar que a riqueza e a amplitude dos fenômenos inconscientes são aí mostrados com clareza e precisão, quando se procede a uma desmontagem do texto. No texto "O homem de areia" há uma ênfase na fantasia, isto é, nos recobrimentos que o imaginário faz à falta do objeto absoluto na estrutura. Freud procede na análise do conto desintricando os elementos articulados na fantasia até a revelação do desejo. O romance de Süskind apresenta a estrutura carente, e a tentativa fracassada de recobrimento. A tentativa impossível de construção de um projeto identificatório do ser apresentado no romance passa por atos, uma série de crimes, que revelam sua condição de um ser pulsional que não chega a se constituir como sujeito desejante. O sujeito desejante é o produto derivado de uma montagem pulsional, de uma fixação da pulsão no aparelho psíquico, a partir do que se inicia o processo identificatório. Quando não ocorre esta fixação, o ser do sujeito, sem arrimo, continua alojado no campo do isso, fica à deriva com a pulsão.

Na releitura da teoria das pulsões, Lacan enfatiza que a pulsão se constrói num movimento de ida e volta, é uma montagem, e que o trajeto pulsional suporta a emergência de um novo sujeito. Do sujeito acéfalo ao sujeito constituído, o que vai trabalhar é a pulsão, resultando em um sujeito proveniente do sujeito pulsional. O auto-erotismo se constitui então, como o momento privilegiado, pois originário à constituição do sujeito.

Lacan destaca na pulsão a função de fechamento de ida e volta. O primeiro tempo Freud qualifica de ativo, o segundo de reflexivo e o terceiro de passivo. Na releitura lacaniana é esse terceiro tempo onde a própria pessoa se faz "ela mesma" objeto de um outro, isto é, onde o *Ich* (Eu) virá se assujeitar — se fazer objeto, é o momento do nascimento do sujeito.

Sugar, sugar-se, ser sugado. Ver, ver-se, ser visto. Cagar, cagar-se, ser cagado. Ouvir, ouvir-se, ser ouvido. Verbos que marcam os movimentos da pulsão oral, visual, anal e invocante, nos tempos ativo, reflexivo e passivo. O fecho da pulsão no terceiro tempo (ser sugado, ser cagado, ser visto, ser ouvido), onde a própria pessoa se faz ela mesma objeto de um outro, é o tempo da inscrição da pulsão sexual em relação a um objeto. Esse tempo de subjetivação do objeto, onde o sujeito se toma por termo terminal da pulsão, Lacan nomeará como o tempo de "Se fazer ser" : se fazer sugar, se fazer ver, se fazer cagar, se fazer ouvir; ao invés de ser sugado, ser visto, ser cagado, ser ouvido, enfatizando assim o caráter ativo e a vocação da pulsão para fazer *ser.*

É em torno dessa característica "fazer ser" da pulsão que será construído o objeto *a,* momento inaugural do sujeito onde ele se divide, se separa do Outro. O primeiro objeto perdido — o seio — é substituído pelo corpo inteiro do sujeito, que toma então o estatuto de objeto perdido. O objeto agora se constitui como exterioridade em oposição ao sujeito, o qual a partir daí passa a ter um corpo não a serviço do Outro, do erotismo do Outro, mas um corpo para seu próprio serviço sexual, para um hetero-erotismo. Do corpo totalmente entregue ao capricho do Outro, ele se apossa e passa a ter um corpo próprio, não mais devotado ao sacrifício.

Da sucção do seio materno, passando pela sucção do dedo e terminando no beijo dos lábios da amada, as substituições de objetos só são possíveis devido a uma organização pulsional.

É exatamente a detenção no movimento auto-erótico que impede a entrada no narcisismo — momento de constituição da imago e do corpo próprio que explica a esquizofrenia como fracasso na constituição subjetiva. A desorganização pulsional e o predomínio da impulsão revelam uma regressão tópica ao auto-erotismo e um retorno repetitivo ao momento que antecede a constituição do sujeito. Momento onde o ser se coloca como puro buraco de acordo com o primeiro tempo onde se dá o caráter ativo da pulsão: sugar, tragar, cheirar, onde se revela um buraco, um vazio. Ao não completar os três tempos da pulsão o sujeito fica aí fixado, identificado ao buraco. Ser um buraco, um vazio é o que cumpre na estrutura o papel do objeto perdido, a esquizofrenia aí se converte no objeto *a* puro. Ele constitui o seu ser a partir desse ser o vazio que é mais um não ser.

Ser objeto *a* é perder toda e qualquer imagem para se converter no próprio buraco. Ser puro orifício, um buraco, uma esfera, um todo é ser um ser completo em gozo. Esse ser pleno, objeto eterno, fruto do sadismo, do supereu, das exigências absolutas onde ele mesmo se consente em fazer objeto de sacrifício é o que caracteriza o ser de Natanael e de Grenouille. Um ser que se converte num puro nada sob as figuras de objeto inanimado, de cadáver, de carcaça, de monstro ou de animal.

Como objeto *a*, puro buraco, o sujeito é sem discurso, é um todo — o nariz, que na sua completude esférica se apresenta como um quasar —, buraco negro que tudo pode aspirar. No livro "O perfume — história de um assassino" o movimento de cheirar do personagem evidencia a face do objeto real, um buraco que tudo traga, onde o mundo como pura exterioridade é vazado de significação, se constituindo a partir da explosão do buraco como num *big-bang*.

CAPÍTULO I

O Objeto em Psicanálise

Quando se coloca o tema do objeto em psicanálise, a primeira questão que surge é se se trata do objeto de uma ciência ou do estatuto do objeto tal como o concebe a psicanálise. Green (1966) afirma que esses dois sentidos estão estreitamente ligados e interdependentes, enquanto Lacan (1966) coloca sua invenção, o objeto *a*, como objeto da psicanálise.

É nesse importante tema para todos os analistas desde Freud que se encontram as mais profundas divergências entre as diferentes escolas. Isto ocorre porque em psicanálise, além do desdobramento sujeito-objeto que o tema traz, há a problemática relativa a que tipo de relação existiria entre o sujeito e o objeto. As diferentes conceituações de sujeito e de objeto e o tipo de relação estabelecida entre esses dois elementos levaram Lacan a fazer uma crítica das teorizações existentes e a estabelecer um quadro conceitual que lhe é próprio, com a invenção do objeto *a*.

A empresa lacaniana se colocará dentro do pensamento psicanalítico marcado pelo estruturalismo moderno, sendo o objeto *a* a borda que marca o limite com esse pensamento. Seu inspirador é Freud, pois, ao circunscrever um campo onde prevalece a diferença entre pulsão e instinto, este enfatiza não só a concepção do desejo como afirma que desejo se satisfaz com um símbolo. Essa descoberta impressionará bastante o psiquiatra Lacan, que, ao tentar traçar a evolução conceitual do pensamento freudiano, descobrirá seu fundamento: o que permite a Freud fazer oposição entre desejo e pulsão é uma estrutura ausente, uma falta primordial — a do objeto perdido. Assim, é a castração como *leitmotiv* do pensamento freudiano que possibilitará a Lacan considerar que o fundamento da noção de objeto, como algo que se separa, está na noção de estrutura, implícita na obra de Freud. Essa estrutura segundo a qual se ordena o desejo, chamada inconsciente, só tem valor estruturante na medida em que constitua efeito da relação do ser humano com a linguagem, permitindo a Lacan postular o princípio de que o inconsciente está estruturado como linguagem.

Não se trata unicamente de mostrar que os mecanismos do inconsciente são formalmente idênticos aos da linguagem. É preciso, antes, explicar o que legitima essa relação inconsciente-linguagem: "*É preciso mostrar por que e como o verdadeiro papel da linguagem na cura — ao mesmo tempo, matéria-prima da prática analítica e meio de produção dos seus efeitos (a passagem, como diz Lacan, de uma 'palavra vazia' a uma 'palavra plena') — só é fundamentado, de fato, na prática analítica, por se fundamentar, justamente, no seu objeto; objeto que fundamenta em útima instância, tanto essa prática como a sua técnica; e como se trata de ciência, esse papel da linguagem está fundamentado na teoria do seu objeto*" (Althusser, 1964).

A noção de objeto *a* aparece no início da obra de Lacan, no estádio do espelho como *a*', e no seu mais antigo gráfico, o esquema L, como *i(a)*, sendo elemento de mediação indispendável que une o sujeito ao Outro e tem valor estruturante. Desde aí, Lacan não parou de precisar sua invenção, seu quadro conceitual foi se modificando à medida que avançava na concepção do real. O real, não sendo objeto de definição mas de evocação, será o que se situa à margem da linguagem e marca limite com o simbólico. "*O primeiro efeito do real, também inacessível, é o objeto do desejo como lugar de uma falta impossível de ser preenchida, produzida como resto, como desperdício, como algo que seduz e engendra a busca*" (Vallejo, 1979). O real, então, opera como causa e tem a ver com a falta, falta a ser, com a ruptura fundamental com a operação significante e o desejo. O objeto *a*, primeiro efeito do real na estrutura, operará como causa, causa do desejo.

O objeto *a* é o nome que Lacan usa para o inapreensível. Ele nomeia para depois dar consistência, tal qual Freud fez com o nome inconsciente. Segundo Nasio (1985), nos dois casos a nominação correspondeu a um ato inaugural e foi também um recurso que permitiu operar no campo psicanalítico. Se, com o ato de Freud — nomear o inconsciente —, se coloca o início da empresa e da operação analítica, com o ato de Lacan — nomear o objeto *a* —, se poderá pensar o fim da operação analítica e os limites do campo mesmo. Esse limite que Lacan encontra e atravessa é o real, limite que Freud encontrou muito cedo — o umbigo do sonho — e que, por não ter nomeado, não pôde operar, o que o leva à concepção de final de análise como um impasse. É aqui que Lacan avança no campo psicanalítico — onde Freud pôs o impasse, ele põe passe, onde havia obstáculo, põe-se o objeto *a*. Assim, o objeto *a* nomeia uma dificuldade ao invés de resolvê-la e, com esse recurso, se opera onde falta resposta.

Por onde pensar o objeto *a*?

Nasio (1985) coloca a problemática do pequeno outro e da Coisa como os elementos fundamentais para tal questão e sustenta que a invenção do objeto *a* é o nome do objeto perdido, enquanto se pergunta "quem é o outro?". Mas cabe perguntar: por que começar uma formalização a partir dessa pergunta? Qual o fundamento e valor epistemológico que justificaria iniciar por tal questão?

Evidentemente, essa pergunta é necessária para entender a condição imaginária e real do objeto, mas só a partir do momento em que se coloca: qual a operacionalidade do objeto *a*? O objeto *a* é uma categoria formal e não descritiva. Ainda que seja um conceito, o objeto *a* é um valor lógico, sem outra consistência que uma letra, e é também uma palavra que nomeia. Mas, se o objeto *a* existe como nome, opera também como causa real, e são esses os desdobramentos que se vê na obra de Lacan, quando se acompanha a concepção de objeto: o objeto tomado não só na sua causa simbólica como também em sua causa real.

Enquanto nome, o objeto *a* é o nome do vazio, do que é ausente na estrutura, do vazio ocupável por não importa que objeto e cuja instância só conhecemos na forma de objeto perdido. A tese que suporta esse pensamento é a de que o objeto absoluto falta e, portanto, situa a falta como algo central na estrutura.

A teoria lacaniana parte da pergunta inaugural de Freud, "o que é inconsciente?", onde a estrutura é considerada uma rede articulada de signficantes. A hipótese freudiana do inconsciente tem como núcleo, como seu fundamento a concepção do recalque. O recalque é a operação que constitui o inconsciente, uma operação de esquecimento e, portanto, atua sobre um saber, saber sobre o sexo, que produz sofrimento e efeitos patógenos. Eis aí o campo do inconsciente como saber, como rede articulada de significantes, que dá origem ao princípio lacaniano do inconsciente estruturado como linguagem.

Entretanto, Freud vai mais além na problemática da estrutura ao colocar, sem nomear, um ponto limite, ou seja, algo que faz limite com o significante. Aquilo que faz limite, se opõe ao desejo, será para Lacan o que se refere à problemática do gozo e do real, e para Freud será algo relativo ao campo do Isso e das pulsões.

Essa problemática se abre para Freud a partir do momento em que ele se pergunta sobre o que, na sexualidade, deve ser recalcado, uma vez que não se trata do sexo biológico. Assim, o recalque vai estar ligado ao enigma que rodeia a pulsão mesma, à carência de um objeto conatural e, por conseguinte, à falta de saber sobre o objeto que o caracterize. O recalque é correlativo ao fato de que a sexualidade se constitui como buracos no corpo do sujeito desejante, da falta de adequação da função orgânica do sexo provocada pela linguagem. O corpo é lugar de sofrimento, isto é, no corpo Isso goza e o sujeito não quer nada saber. Freud apela para o adjetivo pulsional para conceituar esse corpo que serve para ser gozado, isto é, serve para nada.

Carência como resposta para a carência; assim se estrutura a sexualidade, nunca ao redor do objeto pleno, mas na falta dele mesmo. Não há nada que traga a marca do sexo, não há complementaridade possível entre um sexo e outro, não há objeto com o qual se possa experimentar a completude, o gozo é impossível, o que nos leva ao princípio da não-existência da relação sexual.

A psicanálise se constitui a partir de dois campos irredutíveis um ao outro: o campo do Outro, do ser que fala, e o campo do Isso, do ser que goza, o que permitirá a oposição desejo/gozo e levará Lacan a considerar a estrutura tanto simbólica como real.

Pode-se, desse modo, esquematizar o campo constituído por Freud, do seguinte modo:

Lugar :	Saber	Gozo
Campo :	Outro	Ser
Princípio :	ICS estruturado como linguagem	Não existência da relação sexual

Para Nasio (1987, 83) o objeto *a "nasce da impossibilidade para a psicanálise, de responder exatamente a esta questão sobre o gozo. Nós temos um nome para a falta de resposta, ou melhor, nós temos o* a *no lugar de um gozo impossível que a psicanálise tem por um real, o real entendido como o que está fora do simbólico".* Tal colocação considera a causa real, a estrutura como real, mas não enfatiza que o real vai aparecer na obra lacaniana como corte na estrutura do sujeito. O real como inominável, como lugar onde nada há, nada no sentido de carência absoluta, de não-substância, como vazio absoluto, não estrutura campo algum. No real não falta nada, e nada pode ser dito. É só a partir do real simbolizado que algo faltará em seu lugar. Ou seja, é só a partir da entrada do significante que se coloca a problemática da estrutura, tanto real como simbólica. Antes da entrada do significante não se pode falar em estrutura, sendo o objeto *a* o primeiro efeito desse real, o que não pode ser confundido com o próprio real.

A entrada do significante separa algo do corpo: o gozo, um impossível. Nesse sentido, o objeto *a* é o nome do gozo do Outro, do sexo como inominável, do que é fora do significante. O objeto *a* enquanto nome do inominável não se confunde com o real, mas também não é o significante.

Para definir o objeto, Lacan utiliza o conceito de estrutura, pois pretende situar a relação entre os elementos e evitar a noção substancialista de objeto. O modelo de estrutura é quaternário e se caracteriza pela falta de centro. Os quatro lugares na estrutura correspondem aos lugares resultantes da entrada do significante, que irá constituir o lugar do vazio: são o lugar do objeto, o lugar do ideal, o lugar do Outro e o lugar do Isso — este, lugar original do sujeito.

A estrutura antecede a constituição do sujeito e é só a partir do significante que se pode conceber o campo do sujeito e o do Outro, de cuja relação se constituirá o objeto *a*. O objeto *a* é um resultado operatório, tese já colocada implicitamente por Freud no jogo do *Fort-da*, onde o objeto não é nem mãe, nem a criança — o objeto perdido está entre os dois. Ao mostrar que é uma relação lógica a que se estabelece entre os dois elementos, Lacan avança no campo psicanalítico.

CAPÍTULO II

O SINISTRO: A IMAGO NO REAL E O OBJETO *a* COMO OLHAR

1 – INTRODUÇÃO

Utilizarei o belíssimo texto de 1919 "O estranho" – "Das unheimlich"[4], repleto de implicações teóricas e clínicas, para explicitar a releitura lacaniana da obra freudiana bem como sua contribuição ao campo psicanalítico. Darei ênfase à sistematização que Lacan fez da experiência freudiana a partir dos registros do real simbólico e imaginário e explicitarei, também, a função do objeto *a*, elemento que amplia e avança a obra freudiana, por se constituir numa construção totalmente nova no campo psicanalítico.

"Das unheimlich" é o fruto tardio da metapsicologia, encerra uma etapa teórica marcada pelo tema do narcisismo, cujo pano de fundo era o modelo pulsional.

As duas maiores contribuições teóricas que aparecem no texto são relativas ao caráter estético e lingüístico presente nos fenômenos de estranheza. Freud estabelece uma relação entre a estética e a psicanálise, mais precisamente um novo redimensionamento do belo, que permitirá a Lacan, ao lado do conceito de *das Ding*[5], escrever um de seus mais belos seminários, *A ética da psicanálise*,

---

[4] *Das Unheimlich* é traduzido para o português como "o estranho", em espanhol como "o sinistro", e em francês como "a inquietante estranheza". No texto, usaremos as três versões, segundo o sentido que se pretende destacar, já que nenhuma isoladamente abarca a riqueza que a palavra tem, na língua alemã. Utilizaremos, para as referências textuais, a edição brasileira, após cotejá-la com a edição da língua espanhola de Lopes Ballesteros.

[5] *Das Ding*, "a coisa", conceito retirado do "Projeto para uma psicologia científica", a partir do complexo do próximo, que será fruto exaustivo de análise no Seminário VII, *A ética da psicanálise.* O conceito será retomado para se construir o objeto *a*. A coisa, como a parte obscura, não representada, designa o primeiro vazio fundante, lugar do objeto *a*.

que culminará com uma nova teoria de final de análise e uma nova formulação ética.

Quanto ao exaustivo estudo que Freud fez da palavra *unheimlich*, o qual segue tradição dos textos de 1900 a 1915[6], Lacan ligou-o à tese do inconsciente estruturado como linguagem, à função de julgamento e de negação.

Segundo o princípio de não-contradição do inconsciente, dois elementos opostos convivem no inconsciente, de modo que tanto *heimlich* como *unheimlich* aparecem pertencendo ao conjunto representacional que constitui o aparelho psíquico. O que é novo é a colocação de algo familiar se transformar em algo estranho por ser percebido como algo exterior. Ao postular a tese do inconsciente estruturado como linguagem, Lacan reformula a tópica freudiana não mais em termos de representações, mas de significantes.

Colocar as inscrições psíquicas como significantes e não mais como representações permite situar o tema das palavras antitéticas como a colocação de um significante com dois sentidos, resolvendo um problema insolúvel em filosofia da linguagem, que era explicar como uma representação se transforma em outra oposta. O problema passa a ser de como um sentido se transfigura em outro (tema que Lacan explicou com a banda de Moebius) e de como o significante se liga ao referente (assunto desenvolvido por Lacan através da lógica e da topologia, ao se referir a *Bedeutung*).

Pode-se situar "O estranho" como um texto de transição pois se por um lado coloca o estranho em relação ao recalcado, pedra angular da primeira tópica, ele também é colocado em relação a *Thanatos*, a pulsão de morte, através da compulsão à repetição, que marcará um novo esquema das pulsões.

Se, no registro da teoria, *unheimlich* é um recorte conceitual aonde convergem desejo e angústia, no campo clínico Freud faz operar os temas da fantasia, do Édipo e da castração. Apresenta ainda a diferença entre objeto e falo, explicita a função paterna e o ideal de eu, relaciona o narcisismo ao tema do duplo. Pode-se ver na análise do conto o super-eu, ainda que de modo embrionário, e a relação da inveja com olhar. Ao mostrar o recalque e seu retorno, o desejo e sua realização, e a compulsão à repetição, Freud tem nesse um de seus mais complicados textos, no tocante à análise teórica e clínica dos fenômenos inconscientes.

---

[6] Textos ligados à metapsicologia freudiana: "Os instintos e suas vicissitudes", "O inconsciente", "A repressão", "A representação dos sonhos", "Psicologia da vida cotidiana" e "Sobre o narcisismo: uma introdução".

2 – ANÁLISE FREUDIANA DO CONTO "O HOMEM DE AREIA"

Freud utiliza o conto "O homem de areia", de Hoffmann, para ilustrar o tema do estranho familiar. Realiza uma análise lingüístico-semântica da palavra *unheimlich*, que pode ser usada tanto no sentido de familiar como de estranho.

..."*Heimlich é uma palavra cujo significado se desenvolve na direção da ambivalência, até que finalmente coincide com o seu oposto* unheimlich. Unheimlich *é, de um modo ou de outro, uma subespécie de* heimlich*"* (Freud, 1919, 283).

Freud faz considerações de ordem lingüística para evidenciar que, em uma língua, há uma grande quantidade de palavras que designam simultaneamente uma coisa e seu contrário. No caso, um suporte fônico designa pensamentos opostos.

Unheimlich carrega consigo seu próprio sentido antitético porque a língua comporta essa possibilidade. Assim, a palavra *heimlich* mostra, nos seus numerosos significados, um que coincide com o seu antônimo.

Freud sintetiza aqui todo um trabalho na investigação do fenômeno onírico: o procedimento da antítese ao lado da contradição. Esse trabalho se inicia na *Traumdeutung*, passa pelo texto "Sobre o sentido antitético das palavras primitivas" e termina no texto "Das Unheimlich". As antíteses (*Gegensatz*) são reunidas preferentemente em uma unidade ou apresentadas em um todo. Nesse contexto, um todo é uma palavra, e uma palavra como *unheimlich* responde a essas considerações.

Através de vários exemplos literários, Freud demonstra que o nó semântico *heimlich* assimila-se a seu antônimo *unheimlich*, pelo menos num dos matizes (familiar-estranho), mas tal análise se mostra insuficiente para explicar adequadamente os fenômenos de estranheza. Agrega à sua análise a definição de Shelling, segundo a qual "Unheimlich *é tudo o que deveria ter permanecido secreto e oculto, mas veio à luz"* (Freud, 1919, 282). Desdobram-se, assim, dois grupos de representações distintas mas não antagônicas: por um lado, *unheimlich* remete ao que é estranho e desgradável e, por outro, ao que está escondido, dissimulado.

São esses dois pontos em relação a *unheimlich,* a coincidência no oposto e o oculto que veio à luz, que Freud utilizará na análise do sentimento de estranheza.

O primeiro ponto, onde *heimlich* se transforma em *unheimlich*, está de acordo com o princípio de não-contradição do inconsciente, mas não explicita a lógica que rege a inversão de sentido.

Poder-se-ia colocar que o que era agradável deixa de sê-lo quando há uma disjunção do princípio de prazer, onde um corte no tempo estabelece um antes e depois. O que era familiar torna-se estranho, o oculto, que se mostra como uma reaparição indesejada, ou seja, o que pertence a "outra cena" reaparece, revelando o fracasso da *Verdrädung*[7]. O mecanismo do recalque atua relegando para a "outra cena"[8] o que, na equação estranho = não-familiar, implica em conflitos e juízos perurbadores. O fracasso dessa defesa implicaria num retorno do recalcado. Assim, o elemento que sofreu ação do recalque aparece como uma formação do inconsciente. Mas esta explicação metapsicológica não basta para explicar os fenômenos sinistros. É necessário acrescentar mais uma perspectiva: a volta do recalque seria propiciada por uma impressão exterior que reanima complexos arcaicos já superados.

"Quando o estranho se origina de complexos infantis, a questão da realidade material não surge, o seu lugar é tomado pela realidade psíquica. Implica numa repressão real de algum conteúdo de pensamento e num retorno desse conteúdo reprimido, não num cessar da crença na realidade de tal conteúdo. Poderíamos dizer que, num caso, o que fora reprimido é um determinado conteúdo ideativo e, no outro, a sua realidade material" (Freud, 1919, 303).

A incidência de algo externo como estopim nos leva a um limite do intrapsíquico e a algo que se encontra fora, num registro diferente do recalcado. O conteúdo e o retorno aparecem como realidades. No caso clínico do "Homem dos lobos", Freud descreve outro modo de defesa: a *Verwefung*, repúdio ou rejeição, onde os elementos expulsos, que não são inscritos no Universo simbólico do sujeito, são encontrados no âmbito do real. Enquanto no recalque as manifestações são restritas aos marcos internos do aparelho, no repúdio, o inconsciente fica a céu aberto. Aquilo que era preciso apagar (o familiar e íntimo) é reativado por um fato exterior, para ser projetado além da subjetividade e percebido como alheio. O efeito é a sensação de sinistro que se produz ao se esfacelar a realidade.

---

[7] Utilizarei a distinção que Lacan faz a partir das palavras alemãs, cunhadas por Freud, entre *Verdrängung* e *Unterdrükung*, usando para o primeiro termo a palavra recalque e, para o segundo, repressão. Contudo, quando houver citação textual usarei a tradução brasileira, onde *Verdrängung* é a repressão e não recalque.

[8] A "outra cena" é o termo com que Freud designa o inconsciente como lugar.

Freud situa não só a castração, mas a angústia e a fantasia como elementos operantes no fenômeno da estranheza. Por isso vai divergir de Jensch quanto ao elemento sinistro na história. Enquanto, para o escritor, a boneca Olímpia — objeto sem vida, porém animado — é a causa da angústia e da estranheza, para Freud, é o Homem de areia — que arranca os olhos — a causa do horror.

O medo da perda dos olhos, ligado à morte do pai, tematiza o complexo de castração e a figura do super-eu. O super-eu aparece nos textos de modo imaginário, na figura aterrorizadora que quer os olhos de Natanael. Sua formalização só ocorrerá na elaboração da segunda tópica, mas já aparece de modo embrionário nos primeiros textos de Freud sobre histeria e como consciência moral no "Sobre o narcisismo: uma introdução".

Copélio aparece como ser tirânico, que comanda o pai, que o trata por Mestre. Ele clama por olhos, demanda diante da qual o menino fica paralisado, impotente para reagir. Essa figura suprema de maldade é apresentada com olhos esverdeados, felinos, revestidos de uma maldade infinita. Mãos grossas, passos pesados, diverte-se em atormentar as crianças. Poupa os olhos, mas desatarraxa os membros.

Se o Homem de areia Copélio-Coppola, ser de maldade que goza, representa o super-eu (em seu aspecto imaginário e real) clamando pelos olhos de Natanael, o medo de ferir ou perder os olhos representa o temor da castração. O olho é tomado como substituto ao órgão precioso do qual se teme a perda no complexo de Édipo.

Perder os olhos e desatarraxar os membros são equivalentes da castração. No texto "A cabeça de Medusa", Freud estabelece a equação decapitar = castrar, onde a decapitação é um substituto simbólico da castração. Pode-se também considerar desatarraxar; a assimilação dos dois verbos se deve ao fato de o significado de ambos referir-se à separação, divisão e corte.

O que permite a Freud estabelecer tal identidade é o conceito de inconsciente. O inconsciente é entendido não como substância ou reservatório, mas como uma matriz simbólica, que nos permite estabelecer equivalências (simbólicas) entre os elementos e decifrar tanto os sintomas como os sonhos. Na análise de sonhos, Freud percebe que os genitais podem ser representados por outras partes do corpo. Assim, o olho entraria como representação do órgão genital, isto explicaria o intenso temor de perder os olhos. Desse modo se obtêm duas séries de equivalência:

cabeça: genital: olho: membros
decapitar: castrar: cegar: desatarraxar

Assim como a visão da cabeça de Medusa paralisa de terror petrificando quem a observa, Natanael, diante do Homem de areia, fica paralisado e desmaia. Os medos relacionados com olhos e com a castração tornam-se inteligíveis se se substituir o Homem de areia pelo pai temido, de cujas mãos é esperada a castração.

Se o olho representa o genital, o medo de perder os olhos representa a ameaça de castração; diante do apelo do pai, o Mestre poupa o olhos mas desatarraxa os membros. O perigo que ameaça o genital (olho) é transferido para o corpo como um todo. Desmembrar e cegar são verbos cuja ação afeta o narcisismo.

Se a unidade é atingida, surge a angústia como sinal de alarme, pois qualquer mutilação tem sempre o mesmo efeito. Ao ligar os olhos à angústia de castração, Freud esclarece por que essa angústia está relacionada com a morte do pai, por que o Homem de areia aparece como perturbador do amor. Ele separa Natanael da noiva e destrói o segundo objeto do seu amor, Olímpia, levando-o ao suicídio, no momento em que recupera Clara e está prestes a se unir a ela. O Homem de areia tão temido é o duplo pai — pai como a função que deve operar a castração.

Freud evidencia que a duplicação da imagem paterna aparece na figura de Copélio-Coppola, o pai que ameaça castrá-lo (cegá-lo), e na figura do pai-Spalanzani, que intercede pela sua visão, mas que o mais recalcado é o desejo de morte contra o pai mau.

No conto, a incerteza de se estar num mundo real ou fantástico, produzida pelo autor, não impede a certeza de que se pretende *"fazer-nos olhar através dos óculos ou do telescópio do demoníaco oculista"* (Freud, 1919, 288) *"... A conclusão da história deixa bastante claro que Coppola, o oculista, é realmente o advogado Copélio e também, portanto, o Homem de areia"* (Freud, 1919, 288), o que comprova as associações do nome Copélio-Coppola com *coppela* (cadinho, relacionado com as operações químicas que causaram a morte do pai) e com *Coppo* (órbita, cavidade orbital).

Assim como Copélio e o pai trabalham no braseiro secreto, Spalanzani-Coppola criam conjuntamente a boneca Olímpia. A atividade comum é que os revela como divisões da imagem paterna: tanto o mecânico como o oculista eram pais, respectivamente, de Natanael e de Olímpia. Na cena terrorífica infantil, após poupar os olhos dele, Copélio desatarraxa seus braços e suas pernas, isto é, trabalha nele como um mecânico faria com um boneco. Essa nova identidade de Copélio-Spalanzani introduz não só um novo equivalente da castração: olho = perna = braço (órgão precioso que se pode perder) como também revela que Olímpia = boneca = Natanael (uma nova identidade).

A boneca automática Olímpia é a materialização da atitude feminina de Natanael em relação a seu pai, o que é comprovado quando Spalanzani diz que Coppola, o oculista, roubara os olhos de Natanael.

"...Olímpia representa um complexo dissociado de Natanael, cuja escravização a ele expressa-se no seu amor obsessivo por ela, um amor narcísico, que o leva a renunciar ao verdadeiro objeto externo do seu amor... A verdade psicológica da situação, em que o jovem fixado pelo seu complexo de castração, torna-se incapaz de amar uma mulher, ..." (Freud, 1919, 291).

Contudo, conclui Freud, o fato de que uma boneca pareça ter vida não explica esse terror ao qual Natanael está submetido, pois as crianças têm a crença de que suas bonecas, um dia, ganharão vida. Freud relaciona o efeito de estranheza a causas infantis, isto é, a um material recalcado na infância.

Freud ressalta também a relação do tema com a idéia do duplo: personagens que devem ser considerados idênticos porque são semelhantes, iguais. O duplo provoca uma inquietante estranheza, como também uma inquietante familiaridade.

No conto, Copélio é o duplo pai; Olímpia o duplo de Natanael. O duplo nasce do narcisismo primário e é uma garantia contra a morte. Ele representa a imortalidade, pois se constitui como repetição do idêntico e como projeção de uma imagem unificada, perfeita, que se coloca de modo idealizado (Eu ideal). Representa todo o investimento que as figuras parentais fazem no pequeno ser, que se resume na frase escolhida por Freud para sintetizar a idéia de narcisismo primário: "His Majesty: the baby". Após o narcisismo primário, o duplo não desaparece, mas ganha novo significado. Com a divisão do ego em uma parte que assume funções críticas, esta projetará o duplo como algo estranho a si mesmo. O duplo amistoso do narcisismo primário passa a ser rejeitado e converte-se em objeto de terror. O elemento estranho não é algo novo, mas sim familiar, que se alienou na mente através do recalque e veio à luz, isto é, retornou.

Mas nem todo elemento recalcado que retorna determina efeitos de estranheza. A onipotência de pensamentos, a pronta realização de desejos, os maléficos poderes secretos, o retorno dos mortos, a repetição involuntária de certas situações só têm caráter de estranheza se, e somente se, segundo Freud, se associa a fantasia à castração, pois se o Homem de areia tem esse poder aterrorizador é porque ele traz em si a idéia de ter os olhos roubados, realidade material que, ao ser rejeitada, retorna ao real.

3 – ANÁLISE LACANIANA DO CONTO "O HOMEM DE AREIA"

Introdução

Na obra de Lacan pode-se tomar o tema da visão sob duas vertentes: uma, que se refere à função do olhar, a partir de seu poder separativo, e outra, que se refere ao estádio do espelho, onde se destaca a relação com o semelhante, onde este é visto como presença inquietante e causa repulsa.

O estádio do espelho nas suas versões de 1936 e 1949 permite a Lacan elaborar o registro do imaginário e esclarecer e ampliar as observações de Freud em "Introdução ao narcisismo ".

Partindo inicialmente da díade da mãe fálica-filho narcisista, Lacan esclarece que a entrada do terceiro elemento causa uma intrusão, que ocasiona o desmame e leva a criança a uma nova estruturação e a um novo tipo de laço social. Mas, antes dessa ruptura, há que se preciptar uma forma primordial que é a imago, sua imagem no espelho, momento fundador do eu.

Com o estádio do espelho se evidencia não só a origem narcísica do eu, mas sua função de desconhecimento e o efeito de fascinação que ele implica — fascinação pelo semelhante cujo motivo é estrutural. Mais tarde, Lacan fará a diferenciação entre o *Je* e o *Moi*, como duas articulações possíveis para o *Ich* freudiano: o sujeito que fala (indicado pelo *Je*) e a instância narcisista (indicado pelo *Moi*). Nesse momento de sua obra, ele utilizará outros esquemas para poder situar esse dois lugares do eu e, também, diferenciar as instâncias do Eu ideal e do Ideal de eu.

O estádio de espelho, o esquema L e depois os esquemas ópticos e topológicos vêm corroborar que o narcisismo se situa na dependência direta do significante e, portanto, do simbólico, e que há um mecanismo de cisão do eu.

Ao dar ênfase à articulação do simbólico com o imaginário, se explicita a função do espelho como o Outro simbólico, cujas transformações que opera possibilitam a construção do *Je* e do *Moi*.

Se inicialmente o estádio do espelho, paradigma do nascimento do eu, produz a tese de que a imago é a causa do eu, com a introdução do esquema óptico e do modelo topológico (esquema L e R), o significante passa a ser a causa do eu.

Assim, o estádio do espelho, revisto inicialmente sobre a leitura da observação de Wallon, receberá uma série de releituras, ao longo da obra lacaniana, que irá explicitando a relação do real, do simbólico e do imaginário até se chegar à construção do olhar como objeto *a*.

O estádio do espelho

Freud coloca em seus textos que o eu é, antes de tudo, projeção de uma superfície corporal, que se forma por identificação, e que sua constituição implica um novo ato psíquico. Utiliza a leitura do mito do Narciso para colocar o tema do duplo, da gênese do eu e da paixão mortífera.

Lacan lerá os efeitos do narcisismo primário não através do mito, mas através do estádio do espelho, o qual é definido como momento crucial e dramático, em que, numa estrutura lógica, a insuficiência e a angústia do corpo fragmentado são substituídas por uma imagem antecipada do corpo como uma totalidade.

O estádio do espelho é, portanto, o momento lógico onde se precipita uma imagem (Freud compara o eu a um cristal, daí a idéia de precipitação e de linhas de fratura) com a qual o sujeito se identificará (se transformará à imagem e semelhança) — precipitação que ocorre dentro de uma matriz simbólica. O eu como precipitado se constitui pela imagem do outro, que funciona como espelho, fornecendo ao sujeito uma representação do seu corpo distinta das sensações internas de sua motricidade.

A imagem do semelhante unifica a criança, por isso ela o ama, pois encontra o que lhe falta: unidade, domínio e liberdade motriz. Ela não é puro reflexo passivo, tem um poder morfogênico, pois engendra o *Moi*, cuja conseqüência é a aquisição do corpo próprio. Este decorre não de sensações introceptivas mas dessa matriz que é a imagem do Outro. Diferencia-se o *moi*, por se referir à imagem (a aparência), do *Je*, o ser do sujeito representado na cadeia, e instaura-se uma dialética do ser e da aparência, devida à precipitação do eu, eu que não é um fenômeno puramente imaginário (onde a *imago* seria tomada como causa do eu), mas que também se relaciona com o registro simbólico. Numa versão menos empírica do espelho, este é tomado como olhar do Outro, matriz simbólica que sustenta a imagem (onde o significante é a causa do eu).

Essa matriz simbólica representada imaginariamente pelo desejo da mãe é, na verdade, o Desejo do Outro, isto é, o fato de que uma mulher castrada dará ao filho o lugar de falo. O falo — significante privilegiado — é que dará a imagem com a qual o sujeito se identificará.

Portanto, se o imaginário aparece localizado através da *imago* no espelho é porque o significante lhe outorga lugares. Se o eu aparece como um precipitado (imagem em que o sujeito se reconhece como um objeto outro) é porque a mãe tem o filho como falo. Este é o significante fundamental que tanto engana o desejo da mãe como engana o filho. Crer ter o falo e crer ser o falo é do domínio da ilusão. Lacan grafa a imagem refletida no espelho como *i (a)* — imagem do pequeno outro, imagem que cobre o furo deixado pelo primeiro objeto de satisfação — o objeto perdido.

É essa imagem que tampona a incompletude e faz tela, onde se crê encontrar algo para o desejo. É por isso que o eu implica desconhecimento, devido à realização do imaginário ("eu sou essa imagem") que ocorre nessa etapa.

A criança não se projeta em uma imagem, é o inverso, ela é constituída por e pela imagem (que é causada pelo significante) seguindo o processo de identificação da segunda tópica: há transmissão de identificação de uma passagem de fora para dentro. Lacan explica assim o fundamento do "eu" freudiano, subvertendo o narcisismo primário: não um dentro fechado sobre si, mas um fora constitutivo de um dentro, uma alienação originante.

A tese do eu como instância corporal implica em tomar o corpo como o resultado de um descobrimento perceptual — e não de uma realidade, percepção de uma imagem projetada em uma superfície. Essa superfície nada mais é do que o Espelho, matriz simbólica onde se configura o Desejo do Outro. Portanto, a percepção é a percepção do desejo do Outro, que se impõe ao sujeito, revelando a existência de um lugar. A ocupação de um lugar supõe uma tranformação consistente, cuja conseqüência é a construção da organização libidinal: há o aparecimento do primeiro objeto libidinal.

Pela visão do Outro, o sujeito tem acesso a um ideal totalizado que organiza e orienta o eu. Esse primado do visual sobre os outros sentidos permite à criança ver seu advir corporal: uma bela imagem que fascina e arrebata. Mas se a bela forma restaura uma totalidade, a essa unidade deve ter precedido um corpo despedaçado. Assim, num só golpe, o sujeito apreende uma representação unificada do corpo e uma representação parcial do corpo (corpo despedaçado). Lacan unificará esses dois tempos em um só: o narcisismo e a agressividade dão correlativos da formação do eu pela imagem do outro.

O narcisismo, segundo o qual a imagem do corpo próprio se sustenta na imagem do Outro, introduz uma tensão: o outro em sua imagem me atrai e me rejeita; eu só sou no outro e ao mesmo tempo ele me é estranho; esse outro, que é eu mesmo, é, portanto, outro que não eu mesmo.

A agressividade, não a agressão, será inerente ao amor, em toda relação dual. Eu é o outro; o outro é eu. Exclusão recíproca: um ou outro; aquele que eu amo me exclui, eu excluo aquele que eu amo. Esse movimento pendular oscila entre a fascinação pela imagem unida e a rivalidade vivida como ameaça de fragmentação, e constitui o que Lacan chamou de libido erótico-agressiva. Esta é a relação onde ou o outro me mata ou bem eu o mato (ele ou eu), que

Hegel denomina dialética do senhor e do escravo e que é oriunda da discordância do imaginário, podendo culminar com um ato de supressão real da imagem amada, no homicídio.

Freud afirma que só depois de constituído o primeiro objeto libidinal, o eu, é que haverá um mundo objetal. Os objetos são o produto da paixão do eu para impor ao mundo sua imagem, a partir do fato de que o eu se oferece ao Isso como objeto. O eu impõe ao mundo sua imagem segundo suas características fundamentais, que são a inércia, a permanência e a inversão.

A inércia resulta de que o eu tende sempre a ser idêntico, não há modificação de sua imagem, mesmo na puberdade e na velhice. A permanência explica a inércia — já que é por uma imagem alienante que o sujeito se reconhece, será necessária sua permanência, cuja conseqüência é uma resistência à modificação. Leclaire (1979) esclarece que esse fator de resistência se deve ao fato de que a imagem alienante se produz quando se instaura um sistema fixo de representações. É o investimento desse sistema fixo de representações — a imagem — que faz *um*, e é fonte de resistência à modificação. É a imagem unificante, imagem totalitária do corpo, imagem da bela forma, imagem do narcisismo primário, *i (a)*.

Quanto à inversão, característica da imagem no espelho, o que aparece de um lado, no corpo, aparece no espelho de outro. É o que se verifica no transitivismo infantil, onde a criança que bate no lado esquerdo da face de uma outra criança aponta sua face direita e diz: "Ele me bateu". Se "eu é outro", então "outro é eu", até culminar na fórmula "ele ou eu".

Esse nó imaginário, o narcisismo, é que explica como o sujeito pode permanecer fixado numa imagem fascinante e alienante, e também esclarece a agressividade como correlativa da estrutura narcísica.

Se o narcisismo implica a existência de um só lugar (um lugar único) — o lugar do falo — e se o semelhante (o outro) tem todas as virtudes da imagem (a unidade e a boa forma), ele ocupa lugar único, o que comporta para o eu a perda do lugar e do reconhecimento. Isto significa a ameaça de fragmentação e a resposta agressiva, que não é senão a necessidade de fragmentar o outro para ocupar o lugar, o que leva Lacan a colocar "o eu como paranóico" e a situar "uma regressão tópica ao estádio do espelho".

O registro do imaginário definido a partir do estádio do espelho permite esclarecer também a natureza do duplo. O duplo nasce do que Freud chama narcisismo primário e provoca uma inquietante estranheza (que é também uma estranha familiaridade). É uma repetição do idêntico e se encontra ligada ao inconsciente, o que Freud denominou automatismo de repetição.

O duplo se liga ao Eu ideal, primeira forma com que o eu se aliena — que é a unidade do corpo na imagem, porém sem predicado. É o *um* unificante de Lacan, tronco do que permanecerá como exigência formal da perfeição em oposição ao Ideal do Eu, lugar desde onde o sujeito é olhado, e desde onde lê o que fazer para ser amável, o que fazer para alcançar tal perfeição. É o *um* contábil de Lacan, explicitado nos esquemas ópticos e topológicos.

O fenômeno do transitivismo — "eu sou o outro" e "ele é eu", portanto, "Eu sou eu e o outro" — é que responde pelo caráter perseguidor do duplo. Isso acontece quando o duplo deixa de ser invisível e toma uma consistência imaginária, revela-se para o sujeito como uma aparição ou sua sombra, que está em toda parte. Contos como "A horla", de Guy de Maupassant, "William Wilson", de Edgar Allan Poe e "O espelho", de Machado de Assis, demonstram a despersonalização que ocorre no confronto com o duplo.

Esse invisível, que às vezes se revela como uma aparição, está em toda parte e, portanto, é imortal. Nos delírios de sósias ou de temas paranóides de influência, como os de Victor Tausk, a lógica que preside o confronto com o duplo se resume em "se ele não morreu, morro eu". É essa fascinação que conduz ao suícidio ou homicídio e até a desencadeamentos de psicoses e suicídios, frente ao fator intrusivo do espelho.

Essa dialética do visível-invisível subordinada ao registro do imaginário nos permite situá-la como dialética do senhor e do escravo, a qual desemboca num final trágico: um ou outro, pois o sujeito lê na imagem do semelhante uma significação mortífera. Isto é devido ao fato de que ela lhe é essencialmente arrebatada, já que *"o* Moi *não é senão metade do sujeito"* (Lacan, 1985, sem. II). O duplo antes amistoso se torna agora estranho, uma vez que o sujeito, ao se defrontar com a imagem especular, não se reconhece como imagem própria. Isso se dá no terceiro tempo do estádio do espelho: a imagem sou eu. Há, então, uma regressão à primeira fase do espelho — "Há um outro", sendo este semelhante visto em seu caráter intrusivo e de rivalidade.

O Homem de areia e o estádio do espelho: a fascinação

Natanael se refere a Clara como *"uma imagem angelical, profundamente gravada em meu coração e em minha mente"* (Hoffmann, 1987, 19).[9] *"Sua noiva não era notavelmente bela, mas tinha um corpo de proporções puras, maravilhosos cabelos, olhos que irradiam sentimentos profundos. Sensível e sensata, muita calada, destacam-se na bela figura de mulher o olhar límpido e o sorriso irônico, olhar que deixava transparecer as idéias e sentimentos"* (Hoffmann, 1987, 34).

Os doces olhos de Clara, ao sorrirem para Natanael, dissipam todos os temores e ansiedades que o atormentam. O amor que sente pela bela noiva inspira-o na execução de poesias, cuja leitura o arrebata e às vezes o transtorna. Porém o doce olhar da noiva e sua presença bastam para que ele recupere o equilíbrio. Esses temores, que se referem à possibilidade de perder a amada, aparecem após a separação, motivada por viagem de estudos.

Para Natanael, *"Clara se reveste de uma imagem feminina de temperamento tranqüilo e moderado, e, mesmo com a casa desabando, não perderia essas características"* (Hoffmann, 1987, 27). Clara é como um sonho amável e doce, Clara, de olhos infantis, claros, encantadores e sorridentes, que faz ponderações tão sensatas e dignas de um mestre.

O esquema L mostra a relação do sujeito com a imagem, onde o *Moi* está na dependência direta da imagem do outro.

ESQUEMA L

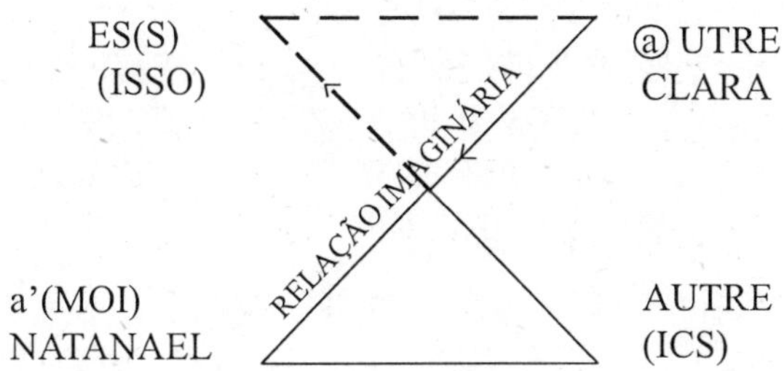

GRÁFICO 1

A ilusão é efeito da relação imaginária com o semelhante, onde o sujeito desconhece a determinação simbólica inconsciente que responde pelo efeito

[9] Utilizarei para citação o conto original "O homem de areia", traduzido por Marion Fleischer.

ilusório, pois se encontra num plano de reciprocidade, onde uma presença produz efeitos no sujeito.

"Preciso rever meu querido anjo, minha Clara — só assim o aborrecimento que se apodera de Natanael dissipa-se" (Hoffmann, 1987, 30).

Se Clara está presente, Natanael tem seu ser reafirmado, afasta seus temores e aplaca sua angústia — angústia de despedaçamento, morte.

Clara, esse pequeno outro, o semelhante de Natanael, é uma imagem angelical que fascina e captura o olhar do noivo, com efeitos pacificantes. Clara personifica aqui o segundo tempo do espelho: o outro é uma imagem. O esquema L e o estádio do espelho, contudo, não explicam essa passagem, o que levará Lacan a recorrer ao esquema óptico[10].

O outro como imagem implica que a imagem da primeira montagem — a imagem real — foi desrealizada, isto é, perdeu suas características de coisa, tornou-se uma imagem virtual. Isto significa que a articulação que opera nas montagens se diferencia, pois produz efeitos diferentes. Na montagem inicial do estádio do espelho tem-se a primeira objetivação da imagem por efeito da articulação do real e do imaginário. É o tempo em que o real do corpo — o corpo em pedaços — recebe um envoltório, uma vestimenta que traça o contorno seu como um todo. É nesse ponto, na aliança entre o real e o imaginário, que se joga a problemática da esquizofrenia, enquanto na paranóia a questão se liga ao segundo tempo. Neste ocorre a articulação do simbólico e do imaginário, montagem que inscreverá a imagem unificada do corpo no simbólico, isto é, no inconsciente. A falha ou falência de tal inscrição deixa o sujeito na dependência total na presença do outro, e à mercê de "forças demoníacas", forças do isso.

"Algo terrível aconteceu em minha vida! Pressentimentos sombrios de um terrível destino... há poucos dias tive, de fato, o poder de destruir minha vida de forma tão hostil... acontecimento terrível cuja impressão mortífera, inutilmente, procuro esquecer" (Hoffmann, 1987, 19).

---

[10] Nessa versão da etapa do espelho, a causa do eu não é mais a *imago* mas os significantes, o que implica já a diferenciação do *Je*, que se sustenta do simbólico, do *Moi*, que se sustenta do imaginário. Se o *Moi* nasce da imagem narcísica refletida (eu sou essa imagem), o *Je* nasce da confirmação de sua presença no espelho através da palavra da mãe, do Outro. A criança, após reconhecer a própria imagem, volta-se para trás buscando a confirmação no olhar da mãe (Sim, tu és isto). Ao se voltar para o olhar da mãe, a criança perde sua imagem no espelho, para recuperá-la no simbólico — a palavra da mãe (o significante do Outro). É um jogo de presença-ausência, cujo objeto é o próprio corpo da criança. Ela perde o corpo imaginário para situá-lo no simbólico, adquirindo, assim, um corpo próprio.

Algo pode ameaçar a relação entre Clara e o noivo — um elemento estranho que tem o poder de desestabilizar o equilíbrio de Natanael e arruinar seu amor. Essa intrusão é aqui colocada como um destino, um desejo ao qual Natanael não pode escapar, desconhecido pelo sujeito, inconsciente, recoberto por uma tela fantasmática que se encarna na figura do vendedor de barômetro. No caso L, a relação do sujeito com o Outro (o inconsciente como matriz simbólica onde se articula a cadeia significante) é impedida pela relação imaginária do eu ao outro. Esta forma uma tela, impedindo que o sujeito reconheça seu desejo. Ao não reconhecer seu desejo, este aparecerá de forma imaginária na figura de um outro, o que ocasionará o sentimento de perseguição, pois o que está em jogo é a paixão, o amor narcísico sobre o qual o sujeito prefere a morte a perdê-lo.

O amor narcísico de Natanael por Clara se revela no conto através do sonho que esta representa: imagem perfeita, modelo ideal de mulher que altera seu estado de espírito. Se Natanael a ama é não só porque encontra nesse ser aquilo que o completa, mas também porque ela tem o poder transformador sobre si. A simples visão dessa imagem basta para que os maus pensamentos se afastem. Essa bela forma que o fascina, cuja separação causa tanto sofrimento, corresponde ao segundo tempo do estádio do espelho. O outro é uma imagem que representa o Eu ideal — imagem narcísica de perfeição, sonho a que o sujeito aspira.

Essa imagem que não se altera é um sistema fixo de representação e constitui o *um* unificante, a realização imaginária do ideal, que pode resultar na destruição do amor e do próprio sujeito.

Um amor tão frágil, que leva ao aniquilamento do sujeito, só pode ser o amor de Narciso, um amor que consome. Esse amor narcísico é aquele em que a libido não reflui para os objetos (o que constituiria o objeto de amor), mas se encontra localizada e fixada na própria imagem idealizada — o Eu ideal.

Clara representa esse amor narcísico, é o espelhamento da imagem perfeita cuja presença determina um efeito de fascinação que captura Natanael e o coloca numa relação de contemplação que o satisfaz plenamente. Ver, querer ver infinitamente o objeto de amor, ele se contenta com um amor não consumado, um amor platônico.

Só se almeja o que não se tem: é o objeto do desejo. Clara está no lugar do objeto do desejo. É a mulher idealizada, perfeita, e forças estranhas conspiram para arrebatá-la de Natanael. Se a perda da mulher amada põe em risco a própria vida de Natanael, é porque Narciso ama a imagem de si no outro. O efeito de fascinação decorre do fato de o investimento libidinal ser feito maciçamente no próprio eu, sendo que o elemento mortífero desse amor é decorrente do desconhecimento que o sujeito tem de que ama a si mesmo no outro — seu objeto de amor nada mais é do que a própria imagem.

Por pertencer a um outro, a imagem pode, a qualquer tempo, lhe ser arrebatada. Basta a intrusão de um terceiro nessa relação de simetria e reciprocidade, ou uma separação, para que se perca o objeto de amor. Perder o objeto de amor é perder a própria a imagem, é perder-se, uma vez que o desejo é sustentado por esse outro. Os versos musicais "é que Narciso acha feio o que não é espelho" e "eu te amo, eu me adoro; eu não posso viver sem mim" ilustram a tese do amor como estrutura narcísica.

Mas, no conto, a boneca Olímpia também aparece como a mulher perfeita, idealizada e, também, é objeto de amor de Natanael. Enquanto Clara é a imagem viva da perfeição, Olímpia representa a imagem estática, a estátua, cuja contemplação consome Natanael. Olímpia vem a suprir o vácuo deixado pela separação de Clara, quando o amante viaja. Ao se separar da imagem idealizada, Natanael encontra um objeto, pois Olímpia, a estátua, aparece como uma realização da imagem, isto é, a presença da imagem real no campo da percepção.

Do encontro com Clara à separação e encontro com Olímpia, vê-se uma passagem da imagem virtual (Clara como imagem da perfeição) à imagem real (Olímpia como a objetivação da imagem), o que, segundo a denominação lacaniana, implica uma regressão tópica ao estádio do espelho. Da contemplação da imagem de Clara, Natanael passa à fascinação por Olímpia — a imagem tomada como "coisa", onde imagem e objeto estão totalmente confundidos.

Enquanto Clara representa aos olhos de Natanael a imagem de completude, Olímpia é o próprio objeto de completude. Ao haver a separação da imagem idealizada — Clara — que sustentava seu eu, Natanael retorna para o objeto — a boneca — de cuja presença não pode prescindir, pois é a concretização da mulher ideal. "Tenho o que almejo — o objeto do desejo." Esse objeto de desejo, como efeito da ilusão produzida pelo significante "belos olhos", é inacessível, inatingível, pois, quanto mais Natanael dele se aproxima, mais aumenta a angústia que o esmaga e pode destruí-lo. É a angústia do despedaçamento.

Olímpia é a personificação máxima do narcisismo de Natanael, seu ponto de alienação, onde ser e aparência se confundem; na sua visão, o visto, o visível funciona como uma resposta antecipada, onde não cabe nenhum juízo correspondente — o juízo de existência. Ver para crer, aponta o ditado popular. Se Natanael vê é porque é realidade, ele não duvida de sua existência, a boneca Olímpia existe. Olímpia é. A convicção de realidade da boneca depende única e exclusivamente do caráter visual. Natanael não se pergunta se o que é percebido (representado) existe. As argumentações lógicas da noiva a respeito do destino do sombrio também não abalam sua certeza. Assim como Narciso não ouviu Eco, Natanael não pôde escutar a palavra de Clara, que o salvaria da consumação que esse amor implica.

Ao perder essa imagem no espelho — Clara-Narciso — Natanael perde a imagem que o estabilizava numa identidade, o elemento apaziguador, cuja ausência o deixa à mercê de forças ocultas, num vazio que pode devorar seu ser — e vem ser ocupado por Olímpia. Tão fascinado por Olímpia quanto por Clara, a aparição dessa boneca evocará idéias sinistras que lhe causarão intensos sofrimentos, exatamente o oposto da noiva, que o acalma e conforta.

Como Clara, Olímpia tem o corpo belo, belas formas, mas o olhar estranhamente rígido e imóvel. É uma figura sedutora, de cuja silhueta Natanael não consegue afastar os olhos. Essa captura não o impede de observar o olhar frio e morto, que nada vê, mas que após certo tempo de contemplação ganha vida — a vida que, Natanael não sabia, era a sua. Vê-se aí um deslocamento maciço da libido para o eu (o primeiro objeto libidinal), que será tomado como o duplo de Natanael, sua sombra materializada.

"Natanael, que jamais tinha visto um corpo mais belo, fica fascinado, e nem a imagem de Clara consegue afastar seu olhar dessa bela estátua" (Hoffmann, 1987, 39).

Se a imagem de Clara já não tem nenhum poder sobre Natanael é porque se operou um deslocamento total da libido objetal para a libido do eu, esvaziando o investimento nos objetos. Como Narciso, depois de encontrar o objeto do desejo — a imagem no lago / espelho —, nada mais importa, só a contemplação, transfusão total da libido para o eu-objeto que vampiriza o sujeito e consome seu ser até a carne.

Do olhar límpido, claro e pacificante, Natanael passa ao olhar rígido, fixo, sem vida, que nada vê. Aqui, o que está em jogo na imagem é o olhar que se destaca, elemento totalmente simbólico na trama imaginária. Se Olímpia-Clara aparece como duplo de Natanael e como olhar destacado da imagem, é porque, na articulação do imaginário com o real, o simbólico está sempre presente, pois fora desse registro não se constituiria uma tópica do imaginário.

Por conseguinte, se uma imagem se precipita é porque existe uma superfície refletora (borda que contorna um vazio — o do registro do simbólico) que acolhe a imagem do objeto. É somente a partir da introdução do espelho (função simbólica na metapsicologia lacaniana, exercida pelo significante) que se pode entender a construção da imago e sua inserção no real, no simbólico e no imaginário. A imagem é o efeito da imaginarização de um significante que no conto refere-se ao fantasma do roubo dos olhos. Assim, a causa do eu (*Je*) é o significante, "Arrancar os olhos", o falo, objeto precioso que Natanael teme perder. O falo ou "os belos olhos" é o significante designando o órgão precioso que um outro (que é Outro) pode arrebatar, como foi enunciado na sua infância pelo terrível Copélio: *"Agora, temos olhos — olhos —, um belo par de olhos de criança"* (Hoffmann, 1987, 25). Essa voz do além que enuncia "olhos, belos olhos" corresponde a uma alucinação verbal que Lacan situa como estando no lugar do recalque originário.

Esse significante, ao ser ouvido, indica a não existência do recalque originário e evidencia o repúdio como defesa, onde algo ejetado (forcluído) do simbólico retorna desde o real. "Olhos, belos olhos" é o retorno do significante ao real. Ele, o significante, se situa como objeto real — exatamente o que a imagem narcísica vinha a cobrir, o objeto em sua face real, um mero dejeto. O horror que tal desvelamento implica (a montagem de *i (a)* que cobre se desfaz) deve-se a que o objeto *a* remete ao ser do sujeito, que no simbólico se reduz a um puro significante (um vazio) e a nível do corpo — do real do corpo – a um pedaço de carne: um olho.

É essa voz terrível que persegue Natanael, a qual ele não pode escutar, como o canto das sereias, pois é mortífera. Ao ser escutada, a voz o conduz a um ato suicida, porque Natanael desconhece quem ele mesmo é. Se vê em Clara um doce olhar que se destaca e, em Olímpia, um olhar sem vida ao qual é capaz de animar, é porque Natanael não sabe que "ele é esse olhar". Ele, um dia, ocupou, sob o olhar parental, o lugar do falo, órgão precioso que a frase "meu bebê é minha menina dos olhos" bem pode ilustrar.

Ao desmoronar o imaginário que o sustenta e por desconhecer sua marca simbólica, Natanael se vê sem arrimo, sem suporte que lhe dê identidade. Ele então é nada, um puro dejeto, um pedaço de carne (o olho). Ou bem ele é a imagem de completude ou bem é um nada — os olhos. Como a nível do narcisismo primário só um pode ocupar esse lugar, diante de Clara coloca-se a dialética mortal. Ou "Clara é a imagem e eu sou um olho" ou "eu sou essa imagem e Clara é o olho" — ela ou eu. Ao cometer um ato homicida, Natanael tenta através da supressão da imagem amada garantir esse lugar único da imagem idealizada para si, que, ao fracassar, remete-o para a única alternativa possível: se o duplo não morre, então sou eu que morro. Se ele é imortal, então "sou morto", um pedaço de carne — o que o leva ao suicídio, ato sacrificatório em que ele se oferece como o falo que falta ao Outro para ser completo. Isto corresponde, na imagem real, ao buraco na imagem, o olho que falta em Olímpia.

É nessa fusão — ser o olho que falta à mãe (o Outro primordial) — que Natanael realiza um desejo incestuoso, através do fantasma de roubo que o Homem de areia encarna.

O esquema óptico: o real em imagens e a imago no real

Lacan utiliza-se da óptica física para esclarecer a natureza e a função do espelho, e introduzir uma topologia psicanalítica[11]. Essa nova leitura do espaço psicanalítico, feita fundamentalmente a partir do "estádio do espelho", situa os dois narcisismos como lugares tópicos distintos: o primeiro, relacionado à função ideal (Eu ideal), que toma a imagem do corpo próprio como objeto de investimento libidinal; e o narcisismo secundário, relacionado à função ideal (Ideal do Eu), que toma o objeto como ideal.

Tal tarefa, que se inicia no Seminário I e se estende até o Seminário X, refere-se, na metapsicologia lacaniana, à elaboração do registro do imaginário em sua relação com o simbólico e o real; nos contextos da obra freudiana, refere-se aos impasses que aparecem nos textos "Sobre o narcisismo: uma introdução" e "O Ego e o Id".

No texto sobre o narcisismo, Freud escreve que, para ser constituído, o narcisismo depende de um novo ato psíquico que opera sobre o auto-erotismo. Contudo, Freud não esclarece qual é o ato que viabiliza essa passagem. *"...uma unidade comparável ao ego não pode existir no indivíduo desde o começo, o ego tem de ser desenvolvido. Os instintos auto-eróticos, contudo, ali se encontram desde o início, sendo, portanto, necessário que algo seja adicionado ao auto-erotismo — uma nova ação psíquica — a fim de provocar o narcisismo"* (Freud, 1919, 93).

Lacan relaciona a idéia de ato psíquico à topologia, onde o novo ato será a entrada do simbólico na estrutura intrapsíquica, cuja figura metafórica é o espelho plano.

O espelho, como superfície refletora de imagens, é o próprio vazio ou melhor, a borda que contorna o vazio e, portanto, um fenômeno limiar, que delimita fronteiras. O espelho como borda do vazio é o recurso que Lacan utiliza para explicar a presença do simbólico na estrutura e seus efeitos. Se Nar-

---

[11] A topologia (ciência do lugar) opera sobre um texto deconstruindo-o para construir um espaço representativo e possibilitar o discurso científico desse campo. A tópica é a construção de um lugar de acordo com a lógica interna do objeto em questão. Dá ênfase à transformação, à passagem de uma nova etapa para outra, determinada pelas possibilidades internas construtivas do objeto.

ciso vê uma bela forma pela qual se apaixona é porque uma superfície refletora — a água do lago — permite que o olho capte imagens.

O ato de introdução do espelho plano no vazio instaura a realidade do espaço e permite a constituição do objeto, isto é, o referente tópico (o espelho) inaugura um espaço topológico com diferenças. Há um espaço real na frente do espelho, onde as imagens serão formadas como coisas — a imagem real —, e um espaço virtual, atrás do espelho, onde a reflexão do objeto real permite a construção de um objeto imaginário — a imagem virtual.

ESPELHO (CISÃO NO ESPAÇO)

FRENTE	ATRÁS
ESPAÇO REAL	ESPAÇO IMAGINÁRIO
↓	↓
IMAGEM REAL	IMAGEM VIRTUAL
↓	↓
OBJETO REAL (IMAGEM TOMADA COMO COISA)	OBJETO IMAGINÁRIO (IMAGEM DA IMAGEM REAL)

CONSTRUÇÃO DO ESPAÇO PSÍQUICO

GRÁFICO 2

Enquanto a topologia processa a experiência do espelho em termos de cisão no espaço, o que funda a experiência desrealizada desse espaço, a tópica remete ao código biunívoco, permitindo operar as transformações num objeto que passa de um lugar para o outro. Segundo Freud, isto é passar do narcisismo primário para o narcisismo secundário.

O princípio fundamental da óptica é a lei de correspondência biunívoca: a cada ponto dado no espaço real corresponde somente um ponto no espaço imaginário. É a lei simbólica[12] (correspondência ponto a ponto) que permite a construção de um espaço imaginário, de representação.

[12] É momento que se compõe de três tempos: 1) a criança percebe o reflexo no espelho, toma-o como ser real, e dele tenta se apossar. Essa presença refletida no espelho, imagem sua, é tomada como a de um outro. É o tempo da imagem real onde esta é objetivada e se refere ao reconhecimento de que "há um outro"; 2) a criança percebe que o outro no espelho é uma imagem e não um ser real, um objeto, pois procura-o atrás do espelho, tempo da imagem virtual, onde há desrealização da imagem real e corresponde a "o outro é uma imagem"; 3) a criança reconhece que o outro é não somente uma imagem mas a sua própria imagem. O reflexo no espelho é uma imagem, imagem que é a sua. É o tempo da assunção jubilosa da identidade: "a imagem sou eu". A estrutura lógica a que Lacan se refere diz respeito à antecipação-retroação, no que se relaciona, no tempo lógico, à certeza antecipada.

O esquema do vaso com flores diante do espelho esférico é o que permite exemplificar a imagem real, onde o objeto e a imagem se misturam, assim como o espaço real e o imaginário.

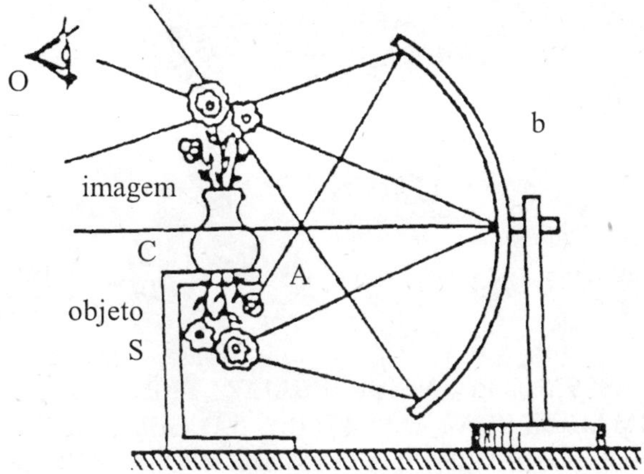

GRÁFICO 3

Esse primeiro esquema se refere ao primeiro tempo da fase do espelho. Há um outro, tempo de inscrição do real no imaginário, cujo efeito é uma ilusão. A imagem real é a imagem vista em sua realidade, tal qual a miragem de um oásis no deserto. É a imagem da bela forma, correspondente ao Eu Ideal e ao narcisismo primário, que se precipita de forma antecipada e à qual o sujeito não tem acesso. A imagem real está lá, mas não é vista. Lacan segue, aqui, o ensinamento freudiano de que o narcisismo primário só é acessível através do narcisismo secundário. É necessária a introdução de mais um espelho, o plano, para que a imagem se desrealize, isto é, se torne virtual. A imagem, agora com características simbólicas, não se confunde mais com o objeto, o que na fase do espelho corresponde à assunção jubilatória da imagem ("Eu sou essa imagem"), o reconhecimento da imagem como própria, devido à inscrição do imaginário no simbólico. (Vide gráfico 4)

Assim é o esquema do espelho esférico por situar o sujeito no imaginário — Eu é outro, isto é, o sujeito, em sua reflexão no espelho como bela forma e como primeiro ideal, se resolve num constante transitivismo – se "eu é outro", o "outro é eu" —, cuja dialética se rompe somente quando entra o segundo ideal (Ideal de Eu), onde a palavra (o significante) é tomada como modelo.

ESPELHOS CONJUGADOS

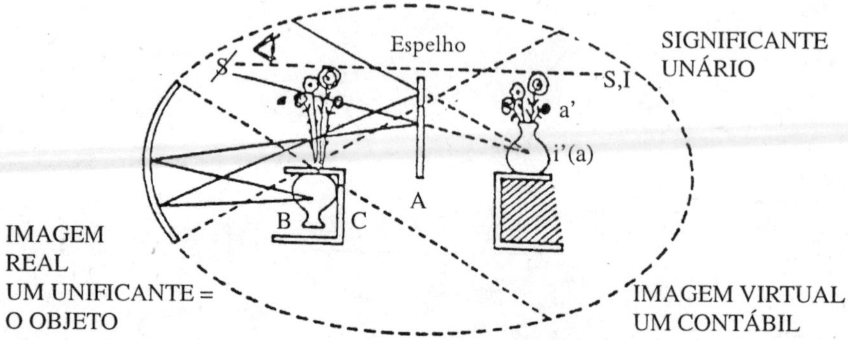

ESPELHO PLANO DESREALIZA ESPAÇO REAL
IMAGEM REAL PASSA PARA IMAGEM VIRTUAL
OBJETO REAL PASSA PARA OBJETO IMAGINÁRIO

GRÁFICO 4

Enfim, o que põe término na dialética destrutiva do primeiro ideal — um único lugar para dois ocuparem — é a inscrição do imaginário no simbólico, isto é, a inscrição do Eu Ideal no inconsciente, o que constituirá o Ideal de Eu .

O Ideal de Eu é a matriz simbólica das identificações — onde Lacan coloca o significante primordial do sujeito, seu primeiro nome, seu selo, sua marca no inconsciente — e tem uma função pacificante, pois define maior ou menor grau de perfeição, de completude, de aproximação do imaginário. Essa instância simbólica derivada da autoridade paterna pode também assumir função superegóica, quando se coloca como um mandamento, uma ordem.

O Ideal de Eu, enquanto função simbólica, diz respeito ao traço unário — o nome da marca unificante —, o *um* contábil, que advém quando o sujeito se desvia do espelho para buscar o testemunho da mãe (o olhar do Outro) e recebe uma palavra (um significante) que confirma sua posição: "Tu és isto". A marca é simbólica porque, ao desviar o olho em busca do olhar da mãe, o sujeito perde a sua imagem no espelho e só a recupera enquanto símbolo. Lacan distingue assim o *um* unificante — a imagem narcísica da totalidade do corpo — do *um* contábil — nome da marca unitária, seu selo, que dirige todas as identificações.

GRÁFICO 5

Em síntese, o esquema óptico, através da conjunção dos dois espelhos, pretende evidenciar que a constituição da realidade psíquica (e não do real) depende da junção do simbólico e do imaginário, cujos passos são os seguintes:

Primeiro tempo: espelho esférico — captação do real no imaginário com produção da imagem real *i(a)*, onde objeto e imagem estão misturados. Sua função é conter e, ao mesmo tempo, excluir um certo número de objetos reais[13], a significação dos limites do eu. Esta imagem se refere ao narcisismo primário e é invisível, só é captada através do espelho plano (simbólico). Esta imagem, quando projetada no espelho plano, terá como efeito a fascinação. O sujeito aí localiza (mas não reconhece) o desejo por intermédio não só da sua própria imagem mas do corpo do semelhante. O que se fixa nessa imagem do

---

[13] Os objetos reais a que Lacan se refere são aqueles perdidos, da série pulsional: placenta, seio, fezes, voz e olhar.

outro (imagem narcísica) é um desejo despedaçado, uma captação imaginária do desejo, que só confirma o outro, enquanto suporte do desejo do sujeito, através de sua destruição. Remete ao aniquilamento do sujeito, pois este trocou seu eu por esse desejo que vê no outro e, ao destruir o outro, impede que o desejo seja nomeado. É essa impossibilidade que a psicose nos apresenta nos episódios de agressão, o que Lacan demonstrou com o crime das irmãs Papin.

Segundo tempo: espelho plano — captação da imagem no simbólico com produção da imagem virtual *i'(a)*, onde a imagem virtual — a bela forma como ideal — vem recobrir a imagem real. Sua função é dar um domínio ideal ao sujeito, que, ao integrar a imagem do eu atráves da introjeção, permite que o desejo seja simbolizado. É o momento onde o sujeito não pode ser destruído porque é no Outro e pelo Outro que o desejo é nomeado.

Esse é o tempo em que o sujeito se apreende como forma e como eu, onde cada vez se constitui no seu estatuto, na sua estrutura, na sua estática. Lacan situa aí o momento em que a imagem é fixada, é o instante em que um gesto é dado a ver, resultando num ponto de parada e fixação do imaginário. O movimento apreendido fica marcado no imaginário numa estática, e finalmente o seu desejo se projeta para fora e retorna verbalizado.

Portanto, enquanto o espelho esférico diz respeito à ilusão que acopla o corpo fragmentado a uma unidade, o espelho plano acopla a unidade corporal (*um* unificante) a um nome-próprio do sujeito (um contábil). O traço unário é um significante que constitui a sua marca distintiva, sua primeira identificação. No primeiro tempo, o imaginário veste o corpo; quando se dissocia no real do corpo, o sujeito fica à mercê do despedaçamento. Se o espelho se mexe, a ilusão que acopla a imagem unificada (o vaso) ao real do corpo (as flores) se desfaz, pois a função da imagem é velar o objeto real.

Quando Lacan postula uma regressão tópica ao estádio do espelho — processo que no nível imaginário conduz o psicótico ao ponto terminal da retração da libido do objeto exterior —, há que se considerar a inclinação do espelho. Isto é, se ele se mexe, o fenômeno de ilusão se desfaz: a imagem virtual deixa de cobrir a real e aparecem as flores (os objetos perdidos). A inclinação do espelho plano é comandada pela voz do Outro. Essa voz se refere à matriz simbólica onde se deposita o Desejo do Outro, cujo significante é o Nome do Pai. É a relação simbólica (o NP) que define a posição do sujeito como aquele que vê, assim como o que ele vê; ela regula a relação de desdobramento da libido de um lado do espelho (Eu Ideal) para outro (Ideal de Eu). Ao falhar tal função simbólica, há um deslocamento maciço da libido, da marca simbólica (o objeto simbólico) para o objeto real. O sujeito vê aí a sua forma realizada imaginariamente, como exterior a si, como estranha. É nesse momento, quando há objetivação da imagem (imagem real), que o efeito de estranheza aparece, provocando a agressividade, que no limite se torna mutilação ou morte.

O Homem de areia e a imago *no real*

As formulações do estádio do espelho permitem situar Clara e Olímpia como imagens narcisistas, enquanto a óptica permite diferenciá-las e referi-las à função ideal. Este esquema permite situar a boneca Olímpia como a presença no real da *imago* (a *imago* real) e Clara como uma imagem virtual. Enquanto a primeira refere-se ao Eu Ideal e ao narcisismo primário, a segunda refere-se ao Ideal de Eu e ao narcisismo secundário.

Dizer que Olímpia é a *imago* no real implica situar a personagem amada como uma objetivação da imagem, onde a imagem perde suas características de fenômeno ilusório para passar a ter características de coisa, isto é, na percepção não se trata mais de uma imagem, mas de uma realidade.

Na seqüência do conto, a constituição das miragens segue o esquema do estádio do espelho. No primeiro tempo, a infância de Natanael, este tem uma experiência que remete a seu ser despedaçado: o olho que Copélio quer, onde o real do corpo não é coberto por nenhuma imagem narcisista. A constituição do auto-erotismo aqui se revela, pelo corpo marcado por zonas erógenas, que é um corpo de prazer, em pedaços. No espelho esférico, este corpo refere-se às flores, objetos reais que necessitam de um continente (o vaso, imagem narcísica) para compor a imagem ideal que dará um contorno, unificando o corpo — o *um* unificante. Se Copélio pode lhe arrancar um olho, desatarraxar as pernas e braços, é bem porque Natanael não tem acesso à imagem real. Ele é apenas um saco de objetos, que se oferece ao Outro. É isto que explica o suícidio do personagem: diante da falta no Outro, representada pelo fato de que se Copélio quer um olho é porque algo lhe falta, Natanael se oferece como olho, que irá tapar o buraco no simbólico (arrancar) e no imaginário (Olímpia sem olhos). Esse olho ofertado é um objeto perdido, um objeto *a*, de pulsão de ver — um objeto real e não imagem. Diante do Homem de areia, de Copélio, de Coppola, o ser de Natanael fica reduzido a um objeto real — o olho —, um nada.

Esse primeiro nada, lugar do objeto *a*, deve ser recoberto por uma imagem narcísica, como uma vestimenta que lhe dará um domínio ideal e cobrirá essa falta a ser. A projeção no imaginário de uma potencialidade que já existe na estrutura mas a que o sujeito não tem acesso é o que constituirá a imagem virtual, isto é, imagem da imagem real, onde a libido ao passar pelo imaginário se fixa numa imagem privilegiada que é essa *imago*. Mas essa transformação da imago real (vaso escondido sob o anteparo, indicando o não-acesso ao sujeito) em *imago* virtual depende do espelho plano (da entrada do simbólico).

Portanto, no episódio onde Natanael se encontra com Copélio cara a cara, constata-se a inexistência dessa *imago* que o protegeria aos olhos do Outro, isto é, impediria que fosse visto como um pedaço de carne com o qual o Outro gozaria. Nesse episódio se enlaça a pulsão com o fantasma. Natanael vê o Homem de areia, que é Copélio, em atividades proibidas. Vê, através de uma brecha, seu pai e Copélio. Este, com uma expressão diabólica, comandava as operações alquímicas até ser surpreendido pelo olhar de Natanael, que, ao ser visto, é tomado como os olhos que Copélio procurava para finalizar sua atividade. Ser visto como um olho, olho-objeto para um gozo absoluto — eis a essência de Natanael nesse momento. Ao desfalecer, Natanael revela bem seu ser reduzido a um pedaço de carne à mercê de um Outro gozador (Copélio).

Na pulsão de ver, a passagem da atividade para a passividade — ver e ser visto — se enlaça com o fantasma do roubo dos olhos que aparece imaginariamente na figura do Homem de areia, o que arranca os olhos com areia. Como o personagem não dispunha de uma imagem narcísica que o constituísse como uma boa forma, isto é, uma inscrição no simbólico, ao ser visto, Natanael vê seu eu reduzido a um puro objeto. Esse tempo correspondente ao espelho esférico, diz respeito a um espaço real, onde o significante faz sua entrada — "arrancar" e "belos olhos". O tempo do fantasma no real é a entrada do significante no real, que deve se tomada em seu sentido literal, não cabendo aqui a metáfora. É o que Freud ensina como tomar a palavra pela coisa.

Esse procedimento, na esquizofrenia, mostra a passagem da representação da palavra para a representação da coisa. Ao falhar a função simbólica no campo representacional, a palavra perde sua dimensão de símbolo e se degrada para a dimensão dos objetos, ficando referida ao seu sentido literal e não mais metafórico, o que corresponde, na percepção, a tomá-la como coisa, objeto existente no mundo. É o tempo do fantasma no real e da castração no real. "Arrancar é tirar um pedaço do corpo — o olho —, é mutilar." A pulsão, sendo do registro do real, se conecta com o fantasma: ver é ver Copélio arrancar olho, ser visto é ser olhado como um olho para ser arrancado. É o horror que um véu irá cobrir — o véu da beleza, o fascínio de uma bela forma que esconde o vazio e, portanto, apazigua o sujeito.

Esse episódio infantil evidencia um real em imagens onde o encobrimento não opera e o sujeito é tornado objeto pela alucinação. A voz de Copélio, "agora temos um belo par de olhos", é uma alucinação verbal, onde o significante "olhos" (belo par de olhos de criança) revela o ser de Natanael, ser "nadificado", puro objeto. O visto, os olhos voando e Copélio querendo agarrá-los, é um efeito imaginário do significante "olhos". Olhos, ser em sua essência fragmentação, significante, que nadifica o sujeito, pois reduz sua essência a um objeto de gozo, é o que retorna ao real como voz. Escutar a voz do Outro (o significante no real) é proibido aos mortais, pois ela é mortífera, uma vez que o "ser" não pode suportar uma nadificação sem se fragmentar. A função do recalque originário é justamente impedir que o sujeito fique à mercê do encontro com esse objeto. A defesa opera aqui excluindo da cadeia o significante real que designa o ser do sujeito: um dejeto, um nada — o objeto *a*. É quando o recalque falha que o esquizofrênico, diante do encontro com esse significante, passa à agressão, onde a mutilação tanto pode ser do Outro como sua, já que "Eu é Outro". Assim, se Van Gogh corta sua orelha e manda-a de presente, e as irmãs Papin arrancam os olhos das patroas, numa dialética em que, "se não mutilo, o Outro me mutila" (já que um é Outro), o comando da voz do outro é imperioso: uma orelha — um olho.

Os olhos aos pés de Édipo, após sua travessia fantasmática, é o objeto *a* como dejeto, objeto real de um gozo que a suspensão do recalque originário deixa entrever. Esse além do narcisismo conduz o sujeito de encontro ao real, onde seu ser se realiza como objeto do gozo do Outro, o que revela a estrutura do desejo — este é sempre o desejo de um Outro. Ocorre nesse desvelamento, já que o real é posto em imagens, um descentramento do sujeito, pois se Édipo vê o objeto que era no desejo do Outro, ele aí não o é, já que não se oferece como um olho. Ele se vê sendo visto como um objeto que faria uma fusão com o Outro — seu incesto revelado — mas não a realiza, não se aniquila como Natanael o faz.

O sujeito se identifica ao objeto *a* como dejeto ao se oferecer como olho, objeto real que é ofertado ao Outro. Da mesma forma, Abrão oferece seu filho a um Deus implacável, revelando o caráter sacrificial dessa oferta — o que Édipo não faz por ter um significante próprio que o identifica (significante unário) e o situa na linhagem paterna. O Nome do Pai é o significante impeditivo para o sujeito se aniquilar ao se realizar como pura perda. Édipo realiza seu ser, ao se identificar com o olhar e não com o olho, isto é, com o objeto *a* no seu estatuto de causa de desejo e não como dejeto.

Enquanto Natanael se realiza como o falo da mãe, na sua castração real ao se identificar com olho (ele o é), Édipo se realiza como não tendo o falo, pois que ele o olha jogado a seus pés, revelando, assim, o que causa seu desejo — um furo deixado pela perda do órgão precioso. Ao não encontrar a marca da ausência do objeto perdido — o objeto inscrito no simbólico (inconsciente) —, Natanael realiza-o a nível do real do seu corpo, revelando a outra face do objeto *a*: seu estatuto de dejeto.

Após o encontro traumático Natanael se reencontra adulto, apaixonado por uma imagem fascinante, a bela Clara. Sua noiva, imagem idealizada da mulher, tem o poder de transformar o atormentado Natanael em um homem tranqüilo, mas somente em presença. Na sua ausência, os temores voltam a lhe assaltar. O herói então usa de um truque: trazer de volta a imagem da bela mulher para afastar os demônios que o apavoram. Natanael se regojiza com esse amor, pois encontrou sua imagem no espelho, momento de jubilação que sempre se dissipa ante a obsessão que o assola: forças ocultas podem lhe tirar esse amor. A fragilidade desse sentimento reside no fato de que é um amor que é dirigido ao ser sem respaldo do simbólico. É um amor-paixão, cuja ausência é mortífera. Se a imagem desaparece da vista, não existe mais o amor. Um amor como esse é um suicídio, pois está na dependência total do outro — em oposição ao amor ligado a Eros, que é um amor ao significante, isto é, ao modelo, à primeira forma (*a Urbild*), que a álgebra lacaniana designa como significante unário e Freud identifica como traço unário. Esse significante unário, o *Repräsentant* da *Vorstellung-Repräsentanz*, permite uma estabilidade diferente da imagem, pois, ao se constituir como simbólico, prescinde da presença real do objeto. Esse amor à *Urbild* permite que, na ausência de um objeto, outros venham substituí-lo, o que é impossível no amor narcísico, pois este se efetiva como duas metades que se completam.

Essa estrutura precariamente estabelecida na ordem imaginária ao encontrar *um* pai[14] — o que na história se encarna na figura de Coppola — desmorona. A imagem virtual, Clara, que encobria o real do corpo fragmentado de Natanael, se desloca, deixando antever por um lado a imago no real e por outro o objeto perdido. Assim objeto (o olho) e imagem se separam. Se Clara era a imagem perfeita que tinha um olhar claro, que refletia a própria imagem de

---

[14] Lacan designa *um* pai, um significante que aponta o furo, o vazio. Basta o encontro com um significante do real para que se inicie a catástrofe do imaginário, pois o psicótico não tem o significante que o protege do real: o Nome do Pai.

Eu (*Moi*), por ser engendrado a partir da imagem do Outro, define-se por ser um ser todo exterior ao outro, e assujeitado aos acontecimentos, enquanto o eu (*Je*) representado na cadeia por um significante coloca-se numa autonomia em relação aos fatos, pois indica o sujeito desejante.

Natanael (a imagem virtual), Olímpia é a imagem real, a boneca com o olhar morto e vivo, cujos olhos estão separados.

O que estava acoplado é a ilusão da imagem narcísica ao real do corpo, que se desvela ante os olhos de Natanael: ele vê um olhar e vê uma mulher bela sem esse olhar.

O delírio, o fantasma imaginário de que Coppola rouba os olhos de Olímpia, vem em suplência ao furo que se revela ante os olhos de Natanael. O que Copélio-Coppola quer é o olho de Olímpia-Natanael. Se Natanael pode ter acesso à imago no real, é porque o espelho plano que fazia tela para essa imagem se inclinou, isto é, por uma falência do simbólico, o olho capta o que estava velado. Inicia-se assim o terror do herói: evitar que os olhos de Olímpia sejam roubados.

Mas a estrutura impõe a falta e Natanael fatalmente acaba por encontrar o terrível Copélio, pois o que aqui se torna presente é uma plenificação onde se esgota o desejo. O desenlace como tragédia evidencia a Outra cena, onde a imago sai do registro do imaginário e retorna ao real, e o significante também retorna ao registro do real. Há um deslocamento da libido, onde esta reflui do espaço imaginário para o real.

"Após um episódio de loucura em que Natanael tenta matar o professor Spalanzani, ele reencontra o equilíbrio nos braços da noiva. Do alto de uma torre contempla uma bela paisagem quando Clara chama sua atenção para um estranho que parece se aproximar. Natanael pega o binóculo e vê Clara. O terror retorna e, aos gritos, ele gira a bonequinha de madeira e tenta jogar Clara para baixo" (Hoffmann, 1987, 50).

Como explicar a passagem do enlevo em que se encontra com Clara para o desejo assassino? Os gritos de Natanael denunciavam o que ocorre. A imagem que Clara representava se realiza ante seus olhos como objeto. A pulsão visual pede um objeto e Clara é o objeto que se dá a ver — é a boneca de madeira. O retorno à imagem real do espelho esférico significa um só lugar para o objeto ideal. O que sou? Se Clara é esse objeto, Natanael é nada, um dejeto. Se Natanael é o objeto ideal, então Clara se fragmenta. Ou eu ou ela, se ela morre, eu sou esse objeto (imagem real), que cumpre função de máxima idealização — o Eu Ideal.

Ao ser impedido por Lotário de cometer homicídio, Natanael fica no vazio: um ser sem solução, um ser que precisa ocupar um lugar para se realizar. O que sou? Como constituir um ser? Buscará, então, a resposta no campo da representação, do visto. *Natanael, cujo ser se encontra suspenso no real, grita*

"Gira, roda de fogo" Uma multidão de olhos o vê estarrecido, e dentre eles se destaca Copélio que, rindo, diz: "Ele desce sozinho". Ao vê-lo, o jovem apavorado se atira da torre gritando "Olhos belli" (Hoffmann, 1987, 51). A resposta para o ser vem do real. O que sou? Sou um pedaço real — um olho, um objeto *a*.

A óptica geométrica: o campo escópico enquanto pulsão e objeto a

No Seminário XI, *Os quatros conceitos fundamentais da psicanálise*, Lacan utiliza a óptica geométrica para definir o objeto, referindo-o ao visual, como olhar. Do modelo, ele passa à estrutura, na tentativa de definição do objeto *a*, causa do desejo. Ele abandona o recurso metafórico e passa a situar o objeto *a* como topológico, isto é, ele ocupa um lugar na estrutura, o lugar do vazio.

O objeto *a* encontra inicialmente sua definição a partir da imagem do corpo, do que lhe escapa: o pedaço separado do corpo. Trata-se de um objeto parcial, cuja particularidade é a de não se apresentar como uma totalidade, mas como algo que se destaca do corpo; por isso, não tem imagem especular. Esse objeto destacado das zonas erógenas comporta uma série: seio, fezes, olhar, voz, placenta e o falo.

Por que Lacan vai utilizar a estrutura da pulsão para explicar a estrutura do desejo, já que define o objeto *a*, que é a causa do desejo, a partir do objeto pulsional?

Freud postula no capítulo VIII da *Interpretação dos sonhos* que o desejo visa reencontrar o objeto da satisfação plena, mas só tem pistas, que são traços de sua ausência, o que nos leva à conclusão de que o objeto está perdido, isto é, ausente no campo da representação. A pulsão contorna um objeto que lhe é indiferente, um vazio, um nada, segundo Lacan, e, portanto, também perdido. O desejo visa um objeto perdido e a pulsão se satisfaz ao contornar um vazio. O que se destaca nos dois campos é o movimento e, se o objeto foi alcançado, o movimento (pulsional ou desejante) cessa. Por conseguinte, é a estrutura de hiância (abertura) dos dois campos que causa movimento, isto é, a constituição de um vazio, o nada que causa a ação pulsional e a ação desejante.

Na construção de seu aparelho psíquico, Freud postula uma anterioridade da pulsão em relação ao desejo. O auto-erotismo é anterior ao recalque originário que constitui o sujeito desejante. A pulsão contorna um objeto indiferente (o que evoca uma carência) enquanto o desejo busca reencontrar o objeto da satisfação plena, do qual só se têm pistas de sua ausência (o que evoca também uma carência). A presença de um movimento em torno de um vazio nos campos da pulsão e do desejo revela um isoformismo topológico que permite construir o vazio da pulsão, o resto da pulsão (o seu objeto) como causa do desejo, o que é congruente com a tese freudiana de que a pulsão, ao incidir sobre o campo das representações, ocasiona o movimento do desejo.

É esse vazio que determina o desejo do sujeito, o qual Lacan nomeará de objeto, e não um vínculo objetal (condutal e pessoal). O esquema da óptica física esboça essa característica da pulsão, que contorna o vazio ao ressaltar a função de borda do espelho e da abertura do vaso. Essa versão será modificada em 1962, quando Lacan define a estrutura do objeto *a* referindo-se à topologia das superfícies.

No campo escópico, a pulsão se satisfaz com o movimento de ver, o que nos remete ao campo visual. Contudo, ao realizar o movimento, a pulsão contorna um objeto perdido — um vazio —, o olhar. Como todo objeto pulsional, o olhar, enquanto objeto da pulsão de ver, é um resto produzido pelo contorno do trajeto da pulsão.

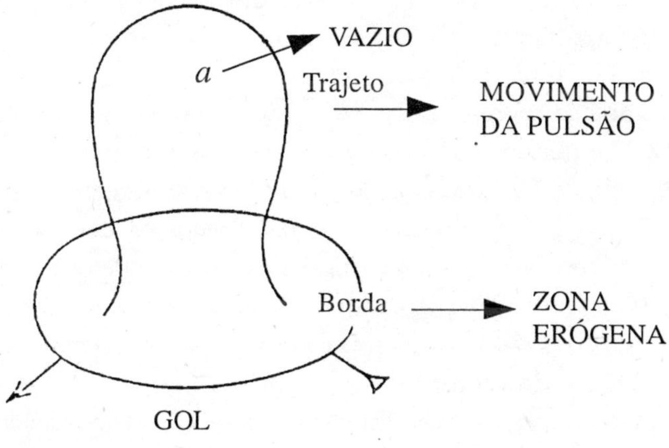

GRÁFICO 6

Os objetos perdidos da pulsão (objeto *a*: seio, voz, fezes, placenta, falo) têm de ser perdidos, para o sujeito se constituir em desejante. Esses objetos pulsionais pertencem ao registro do real e precisam ser inseridos no simbólico, no inconsciente, onde se sairá do registro da carência para o registro da falta. A não-inscrição desses objetos pulsionais ocasiona, nas psicoses, as auto-mutilações, pois o "sujeito", por não ser constituído como desejante, é um saco de objetos — pulsionais —, os quais oferece ao Outro para restaurar sua plenitude. Ao não haver queda do objeto, o sujeito atribui à pulsão um objeto empírico. Assim, na pulsão oral, cujo movimento se satisfaz no comer, chupar, devorar (onde o objeto é um vazio, um nada), acaba-se por encontrar um objeto-oral (um alimento), que vem preencher a falta real. O seio se encarna, perde seu estatuto de nada. É o que se vê no canibalismo (o sujeito come o seio-alimento) e no seu oposto, a anorexia (o sujeito come nada).

Enquanto no canibalismo a pulsão ao se satisfazer encontra um objeto, extinguindo o desejo, na anorexia, o sujeito, ao "comer nada", instala no seio da pulsão o objeto oral — o objeto perdido para sustentar seu desejo. É porque um come tudo e o outro come nada que ambos se encontram no regime da pulsão oral, com a diferença que o canibal obtura a falta, ao preenchê-la com o objeto alimento, e o anorético, ao não ingerir alimento, preserva o vazio, que a pulsão deve contornar.

No campo escópico, a pulsão de ver marca uma cisão entre a imagem que se oferece para ser vista e o objeto — o olhar como o resto, o que se perde no ver. O que se oferece como imagem é a imagem especular — *i(a)* —; o olhar como objeto perdido, separado do corpo, é outra coisa a ver, ele está fora do campo de representação.

A pulsão escópica com seus tempos — ver — ver-se — ser visto — pertence ao campo da representação e do visível, enquanto o olhar não encontra representação e pertence ao campo do invisível. Dizer que algo é invisível não implica em negar sua existência, pois, mesmo não percebido, o olhar opera na estrutura, o que é congruente com a tese freudiana de que o narcisismo primário não é observável, somente seus efeitos o são, e de que o inconsciente é um lugar virtual. Com os esquemas ópticos, Lacan demonstra os efeitos que o invisível faz no visível, isto é, os efeitos na estrutura decorrentes da introdução do olhar — o Desejo do Outro.

A óptica geométrica permite situar que a função da consciência fundada no escópico dá a ilusão de ver. O sujeito que vê é o sujeito da representação, sujeito que apreende o mundo, sendo que aí o que a visão não agarra não existe. Ser é ser percebido, se não vejo não existe — esse é o refúgio narcísico do sujeito, pois elude a falta.

O esquema óptico, que se refere ao visual enquanto representação, é fundado na semelhança, onde o olho capta o objeto através da imagem. O olho, aí, é designado como ponto geometral e refere-se ao sujeito que conhece. Está no registro do imaginário onde o sujeito acredita que é o que parece ser.

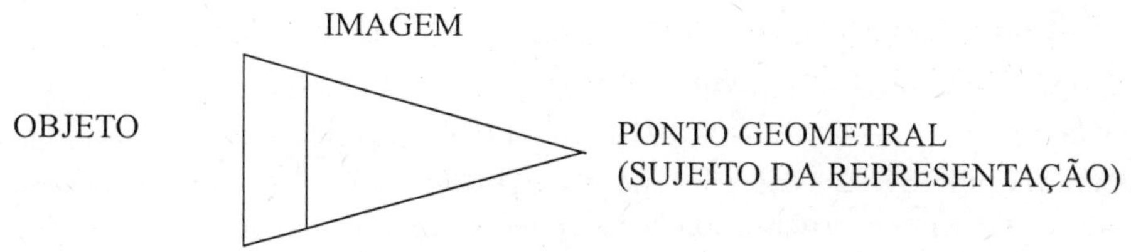

GRÁFICO 7

Lacan utilizará o recurso óptico da anamorfose[15], que inverte a perspectiva habitual, para apresentar o falante no campo escópico, ou seja, com a anamorfose permite-se que a castração se ponha em ato no terreno da representação, do visual, e se conceba em sujeito diferente do cognoscente, um sujeito nadificado. Ao operar no campo visual através do olhar, a castração, falta central do desejo, evidencia uma discordância entre a imagem e o objeto.

Enquanto na perspectiva realista o sujeito da representação recebe do objeto uma imagem, segundo as leis da perspectiva, na anamorfose um ponto luminoso pinta um quadro no olho do sujeito, através de uma tela, o que impede a relação biunívoca.

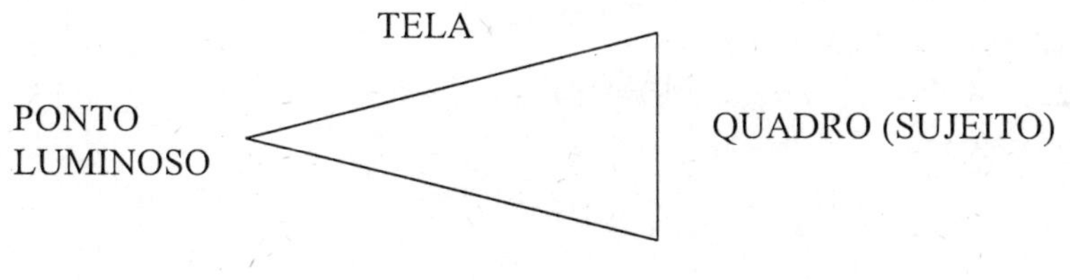

GRÁFICO 8

[15] No Seminário XI, Lacan propõe a alienação e a separação como operações lógicas causadoras do sujeito, o que permite explicar a constituição do *Moi* (imagem narcísica) como efeito do significante. A alienação originária funde num só golpe o imaginário, o eu e o corpo.

A anamorfose é uma óptica não realista, que, ao intervir na perspectiva clássica, produz um efeito deformante. Utiliza a distorção no sentido poético para quebrar a estrutura linear da óptica. Ao introduzir o ausente no campo da representação situa o sujeito de um novo modo. Lacan utilizou-a para mostrar a violência do significante; a deformação produzida pela entrada do *Repräsentant* na *Vorstellung* do quadro. É o lugar vazio do quadro (o significante) que ordena toda a estrutura.

Lacan utiliza o quadro "Os Embaixadores", de Holbein, para ilustrar a presença do desejo (da falta central) no campo perceptual. No plano da reciprocidade do ver e ser visto, o sujeito tem a ilusão de que olha: vejo-me ver, o que é representado pela visão das duas figuras masculinas que dão título ao quadro. Mas se lhe dermos as costas e voltarmos repentinamente o olhar, poderemos ver um escotoma, um ponto cego na perspectiva normal. Esse ponto, que no quadro é o crânio da caveira, um objeto flutuante, representa aí a função do olhar como rachadura no domínio visual. É uma mancha no quadro, elemento puntiforme e evanescente, que o estrutura.

O cruzamento dos dois esquemas ilustra a tese de Lacan de que o sujeito desconhece que está na dependência desse olhar (o Desejo do Outro) e, se o sujeito tentar se acomodar a esse olhar, torna-se esse olhar, elemento puntiforme e evanescente, em que o sujeito se nadifica.

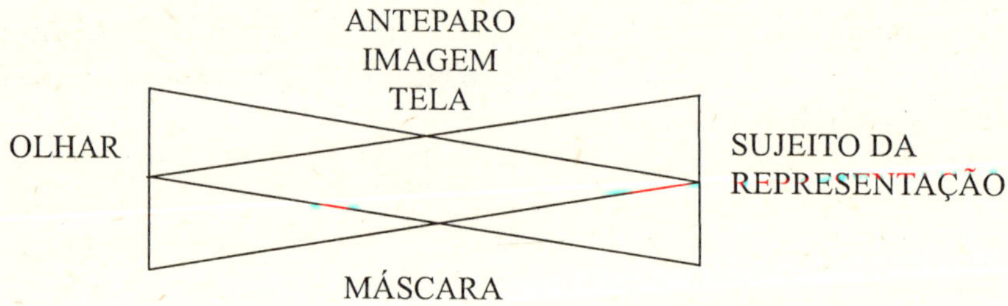

GRÁFICO 9

No visível, o olhar está de fora, ausente, e é substituído por um buraco, reflexo da pupila, detrás do qual está o olhar. Na medida em que o quadro entra numa relação de desejo, o lugar de anteparo já está marcado. É pelo ollhar que entra na luz que recebo seu efeito. Se olho pelo furo, tenho um efeito deformante (anamorfose), isto é, vejo aumentado o que, no campo da visão, corresponde à aparição do fantasma fálico.

Pelo olhar o sujeito é fotografado, isto é, se encarna, se decompõe entre si mesmo e o que se dá a ver. O que se dá a ver é o semblante, a máscara, o duplo, o invólucro. Assim o sujeito que olha depõe seu olhar, o que significa a queda de um desejo: o Desejo do Outro. É o instante de ver, onde o significante se projeta para a frente como antecipação. Corresponde ao momento terminal da fase do espelho, onde um gesto é dado a ver.

O que se dá a ver é o olhar, o que chamo a ver. Mas é necessário que o olhar seja falta, no simbólico, para que organize o ver. Pode-se dizer que o que se deseja ver é o olhar, enquanto objeto perdido. "*Na cena traumática, o que assusta o pequeno russo é o 'olhar' dos lobos, fixo no sujeito, anunciando seu trágico destino (Freud , 1914)* ." Fora-lhe dado a ver algo: o olhar atento dos lobos, na verdade, era o seu. Olhar que sinaliza um desejo, o desejo do Outro, que se volta para ele.

O objeto *a* não especularizável, o nada, o vazio, é freqüentemente confundido com a imagem especular que lhe dá sua vestimenta. Essa imagem de beleza, que cativa o sujeito, cobre como véu o horror que se instaura diante da visão do objeto. Se a visão encobre o olhar, é porque este representa o desejo enigmático do Outro, desejo terrível, pois absoluto, que exige um objeto para gozar. É porque o Outro tem a função do olhar primordial para o sujeito e este é investido de um valor fálico que o sujeito buscará algo que escape à imagem especular. O que aparece como branco na imagem é o que possibilita o fantasma.

Com isto queremos dizer que, na experiência especular, nem tudo é especularizável. O que passa como vazio, como branco na imagem é o $-\varphi$, imagem negativa do falo, o falo imaginário, que nada mais é senão o efeito imaginário do significante da ausência — o falo simbólico, na estrutura.

Ao colocar a castração no centro de sua teoria, Freud acentua a falta como centro decisivo na organização das representações. Se há uma falta central, é porque o falo, como objeto privilegiado de completude, é impossível.

Lacan chama o significante que designa a ausência de falo simbólico, cujo efeito no imaginário é de um branco na imagem, um furo, lugar que expressa que o falo falta.

O fantasma, proteção do sujeito contra o ponto de horror, e ponto real onde é um puro objeto de gozo, é constituído pelo falo imaginário e pela imagem especular, a partir da entrada do significante Nome do Pai. Esse significante se refere ao desejo do sujeito, e faz desaparecer do campo visual o objeto *a* como olhar.

Um pai, em psicanálise, segundo o texto que elucida o fantasma fundamental "Uma criança é espancada", age no lugar do sujeito, colocando em cena o seu desejo. Portanto, o pai não é o modelo, mas seu representante, seu significante. A ação do pai (bater) sobre a mãe representa o desejo da criança.

O fantasma é uma estratégia para alcançar o objeto apto para o gozo, o que não quer dizer que se o encontre. Enquanto desejo, é desejo do Outro, e pode-se afirmar que o Outro está vazio de objetos, isto é, que o Outro é o tesouro do significante. Esse objeto detém a metonímia desejante (o deslocamento) e impede que o sujeito se ofereça ao Outro como objeto real. Se ele é objeto, o é no fantasma — um objeto simbólico — pois, na voz passiva da estrutura gramatical, o significante "sou espancado" coincide com o objeto-simbólico, isto é, é representado pelo significante.

Lacan fala de uma cena que se desenha no olho do sujeito: pouco importa como o pai goza da mãe (ou a mãe goza do pai), o importante é que isso se inscreva no campo escópico do sujeito, para ele ter acesso ao desejo. Trata-se aqui da vivência de satisfação que o sujeito capta como gozo do outro. O segundo tempo do fantasma (sou espancado) é um tempo em que o sujeito não é espectador, não tem acesso à imagem. É o tempo de angústia. Está diante do outro, mas não o vê. Ao perder de vista o objeto, na ausência do objeto no quadro, o sujeito passa a ser visto. Ser visto como o objeto de gozo causa de desejo. Portanto, ao perder o objeto (da vista), o sujeito se torna o objeto que se perdeu. O que se confirma nas colocações freudianas:

"O primeiro objeto erótico de uma criança é o seio da mãe que a alimenta, ..., inicialmente, a criança não distingue entre o seio e o seu próprio corpo; quando o seio tem que ser separado do corpo e deslocado para o exterior, porque tão freqüentemente se encontra ausente, ele carrega consigo, como um objeto, uma parte das catexias libidinais narcísicas originais" (Freud, 1938, 217).

"Ter e ser nas crianças. As crianças gostam de expressar uma relação de objeto por uma identificação. Eu sou o objeto. Ter é o mais tardio dos dois, após a perda do objeto, ele recai para ser. Exemplo: o seio. O seio é uma parte de mim, eu sou o seio. Só mais tarde: eu o tenho — isto é, eu não sou ele" (Freud, 1938, 335).

O sujeito perde o objeto de gozo: objeto *a,* causa do desejo, ele desaparece do campo visual, da representação, onde a ilusão provocada pela perspectiva linear o coloca na frente do sujeito como alvo. Isto para se tornar invisível, isto é, inscrever-se na Outra cena como falta e operar atrás da cena visual, como causa do desejo, pois o que no campo do visível (da representação) está na frente como objeto, no campo do invisível (inconsciente) está atrás como causa.

O Homem de areia: o objeto a *como olhar*

O conto inicia-se após a separação de Natanael e sua amada Clara, mas os efeitos dessa ruptura só aparecerão quando o herói encontrar um vendedor de aparatos ópticos que confirmará sua terrível visão: algo destruirá o amor, uma tragédia ocorrerá.

O vendedor Coppola anuncia um pesadelo já vivido na infância: o terror do Homem de areia, aquele que o separava do seu pai. O Homem de areia arranca os olhos das crianças desobedientes. Essa sinistra aparição se encarnará na figura do amigo do pai, Copélio, advogado que realizava experiências alquímicas com seu pai. Essa figura disforme e abjeta, mãos e voz grossas, passos pesados, aparece pontualmente às nove horas. Com horror, Natanael escuta o ruído dos passos.

Essas descrições imaginárias dão conta da junção de real e imaginário, onde a aparição é imaginária, e os ruídos remetem ao real.

Ele diverte-se em aterrorizar as crianças, e como advogado implica a lei. Ele goza e proíbe. Representa emblematicamente o super-eu, o obsceno e feroz, no aspecto imaginário. Diante de Copélio-Coppola, o personagem sente-se impotente para tomar seu destino nas mãos, está completamente à mercê dessa força demoníaca.

Lacan coloca que o encontro com *um* pai, um significante que designa um desejo, provoca uma alucinação e desencadeia uma psicose. É o que acontece com Copélio, que representa o desejo mais secreto e temido do sujeito — arrancar os olhos (ou roubar) —, cuja realização será sinistra. Essa experiência ocorre na infância, onde Natanael espia escondido e, ao ser surpreendido, desmaia. Vê-se aí a estrutura do olhar: o sujeito desfalecido, nadificado é o próprio objeto que satisfaz o desejo. Esse objeto alucinado, na cena, são os olhos, o belo par de olhos que irá posteriormente fascinar Natanael, seus próprios olhos. Essa cena de grande angústia decorre do fato de que a imagem real deixa de velar o objeto *a*. Como olhar, o sujeito realiza aí a experiência de ser visto desde onde o Outro o olha: um belo par de olhos para ser roubado.

O Homem de areia, Copélio, é uma força hostil (o Isso) que deseja transformar o próprio eu de Natanael, isto é, tomá-lo como objeto. Ele o faz jogando areia e carvão em brasa no rosto, para retirar o objeto — o olho.

A areia e a brasa que se atira são deslocamentos de um enigma. Representam o Desejo do Outro, este representado aqui por Copélio-Coppola. Essa areia-brasa indica um gozo diante do qual o sujeito fica paralisado, é um gozo que despedaça o sujeito.

A cadeia significante Copélio-Coppola-Coppo (cavidade orbitrária) recorta uma borda e um ponto luminoso: o brilho do olhar. Tem-se aí o olho como órgão e o olhar como função.

O olho como órgão se liga à série de equivalências simbólicas: pênis = criança = fezes. É o orgão precioso que se teme perder, o objeto fálico, enquanto o olhar designa o Desejo do Outro e é invisível, estando coberto pela imagem especular de Clara-Olímpia. Quando se levanta o véu, se tira a tela, aparece o que está mais além da imagem — o que se dá a ver.

O véu, a tela, o fantasma, engana o sujeito, ao lhe permitir situar-se como espectador, como o que vê. Esse véu que põe limite ao ponto de horror é a beleza, que impede o irromper do sinistro e a destruição das características estéticas, a harmonia e as proporções entre as partes. A beleza é, portanto, um limite e uma medida, limite que o princípio de prazer impõe ao terrível, ao insuportável que o sinistro representa: o gozo. O sinistro (o sublime) que deve estar presente sob a forma de ausência é, na verdade, a condição e limite do belo. O belo e o sublime se opõem no que tange ao princípio do prazer. Enquanto o belo é um princípio harmônico, e uma medida que se refere a um limite, o sublime excede a forma e o limite, e remete ao infinito, ao terrível e ao caos. Nesse sentido, o feio, o sujo e o malvado, sem serem belos, podem ser sublimes.

"Há pouco tempo, subindo as escadas percebi que uma cortina, que de hábito fica bem fechada sobre uma porta de vidro, encontrava-se um pouco aberta, deixando uma pequena fresta. Nem eu mesmo sei o que me levou a espiar, curioso, através dela. Uma mulher alta e magra, de porte harmonioso e magnificamente vestida, estava sentada no quarto em frente a uma mesinha, sobre a qual descansava os dois braços, com as mãos postas. Sentada de frente para a porta, eu podia ver por inteiro seu rosto de uma beleza angelical. Ela pareceu não reparar em mim, e, aliás, seus olhos pareciam imóveis, como se vissem nada, era como se ela estivesse dormindo de olhos abertos. Fui tomado por uma sensação sinistra..." (Hoffmann, 1987, 31).

A beleza, como ponto limite ao horror, tem o estatuto de véu, último ponto antes de se descortinar o insuportável: por detrás da imagem está o vazio, não há nada. A beleza de Clara e Olímpia fascina porque cobre o vazio. Mas é através da beleza que se pode pressentir o caos, o terrível, sem estar frente a frente com o horror. É por isso que a visão de Olímpia traz sensações sinistras. Essa presença familiar, a boneca Olímpia como emissária de horrores pressentidos e temidos, nada mais é que o próprio olhar de Natanael, ou seja, seus desejos criminosos ocultos: arrancar os olhos do rival, jogar brasa nos olhos do progenitor, revelação que se oculta na permutação da transição do herói, de verdugo em vítima de Copélio-Coppola. A beleza como véu sugere sem mostrar. Se for descortinado, o véu deixa antever o mais além do que se dá a ver, o ponto de onde sou olhado: o ponto luminoso, a areia, a brasa, o objeto *a* como olhar.

"Ali quedei como que enfeitiçado. Não me movimentei, fiquei parado com a cabeça para fora da cortina..." Copélio gritou "ao trabalho", com utensílios estranhos, mexia no fogão e agitava brasas. O rosto de seu pai, com feições de dor, tinha uma expressão diabólica como a de Copélio. Ao redor surgiam "rostos humanos, porém sem olhos — em lugar deles, horríveis cavidades negras e profundas". "Para cá os olhos, para cá os olhos!, gritava Copélio. Aí deu um berro, caindo no chão", Copélio me agarrou e gritou "Sua pequena besta" "Agora temos olhos — olhos, um belo par de olhos de criança". Copélio pega carvões em brasa os quais pretendia jogar em meus olhos, o que foi impedido pela súplica de meu pai. "Poupe os olhos dele". Depois disso Natanael desfalece" (Hoffmann, 1987, 24-25).

Ao se descortinar o véu, a tela, surge o horror diante do sujeito, deixa-se antever o ponto de onde o sujeito é olhado, o ponto luminoso, a areia, a brasa: o olhar. As brasas, a areia representam um desejo cego, enigmático, sem nomeação. O que o Outro quer? Quer um objeto para gozar: os olhos flutuando, os olhos brilhando, o olho no chão, o olho multiplicado são o objeto para esse gozo. Olhos roubados, arrancados: realização de um desejo através de uma fantasia — olhos separados, desprendidos do corpo de Olímpia.

Mas o que o sujeito desconhece é que esse olhar que se multiplica, e ora o fascina ora o aterroriza, é o próprio sujeito. O olhar (o objeto real) quando é desvelado (a imagem deixa de revesti-lo) é que é sinistro. Na neurose, a imagem vela o objeto, e se eles aparecem juntos no fantasma ocorre angústia, como no caso do Homem dos lobos diante do olhar que o tentaculiza. Na psicose é o primeiro olhar sem revestimento algum que se coloca a nu. Nesse momento, o imaginário desmorona e, não tendo onde se agarrar, o sujeito realiza literalmente o significante: os olhos arrancados.

O que é sinistro são os olhos ensangüentados, caídos — o objeto caído, separado do alcance do sujeito, que aparece no real. O olhar de Clara e o olhar de Olímpia fascinam e aprisionam Natanael porque não estão perdidos, não estão inscritos no simbólico, retornam no real: os olhos aos pés de Natanael. Olhos que estão em toda parte, olhares multiplicados, mas que não vêem, tornam impossível sustentar-se a imagem, dar uma unidade, uma identidade para Natanael. Ao não se fazer nenhuma imagem para si, o corpo aparece fragmentado.

No sinistro, o véu se ausenta, a cortina abre e na abertura aparece o real. A tela que separa o sujeito, enquanto quadro, do ponto luminoso se desfaz. A realidade desmorona.

Portanto, esse ponto luminoso, carente de dimensão, a areia, a brasa representa aqui o olhar enquanto objeto *a*, o olhar enquanto Desejo do Outro. O objeto *a* revela o ser em sua essência, o vazio, portanto a areia é o atributo que diz o ser de Natanael. Atributo que o situa na sua falta a ser, o faz ser de carência. Equivale a ser do desejo — o objeto *a*.

A areia é a letra que situa o homem a ponto de nomeá-lo, letra que inscreve um gozo — objeto *a*. Os ratos na pulsão anal do Homem dos ratos, os lobos na pulsão escópica do Homem dos lobos, e a areia na pulsão escópica do Homem de areia.

CAPÍTULO III

PONTUAÇÕES NO TEXTO "O PERFUME — HISTÓRIA DE UM ASSASSINO"

"Naturalmente, em Paris o fedor era maior,... um lugar havia onde o fedor imperava de modo especialmente infernal, entre a rue aux Fers e a rue de la Ferronerie, ou seja, no Cimetière des Innocents...

Bem ali, no lugar mais fedorento de todo reino, foi que nasceu Jean-Baptiste Grenouille, a 17 de julho de 1738. ...Quando as dores começaram, a mãe de Grenouille estava numa peixaria na rue aux Fers e examinava pescadas, as quais acabava de eviscerar. Os peixes, presumidamente recolhidos do Sena naquela manhã, já fediam tanto que o seu fedor se sobrepunha aos cadáveres. Mas a mãe de Grenouille não percebia nem o cheiro dos peixes nem dos cadáveres, pois o seu nariz era praticamente insensível a odores e, além disso, doía-lhe o corpo, e a dor tirava-lhe toda sensibilidade para sensações externas. Queria só uma coisa: que a dor cessasse, e deixar para trás o quanto antes o horror do parto. Era o seu quinto. Os quatro anteriores ela havia resolvido ali na peixaria, e os quatro haviam nascido mortos ou semimortos, pois a carne ensangüentada que dela saíra não se diferenciava muito das visceras dos peixes que já estavam atiradas pelo chão, e também não vivia mais muito tempo, e à noite era tudo jogado em carretas e levado para o cemitério ou lá para baixo no rio. Assim deveria ocorrer também hoje. A mãe de Grenouille era uma mulher ainda jovem, nos meados dos vinte anos, ainda bonita, quase todos os dentes na boca, um resto de cabelo e que, além de gota e de sífilis e de uma leve tísica, não tinha nenhuma doença grave; esperava viver ainda muito tempo, talvez uns cinco ou dez anos, e até talvez um dia casar e ter de verdade filhos, como a honrada esposa de um artesão enviuvado ou coisa parecida..." (Süskind, pp. 8 e 9).

A ordem simbólica precede o sujeito e designa as leis da cultura e da linguagem em que o sujeito deve inscrir-se. Na sua obra, Lacan não descreve esta ordem simbólica enquanto ela precede os sujeitos, ele somente se preocupa com os seus efeitos sobre os sujeitos.

O Outro, Grande Outro, é um lugar de convenção significante que está mais além, em relação de exterioridade com relação ao sujeito. O Outro é a ordem inconsciente. Assim, o Outro é prévio ao sujeito e significa uma ordem de elementos significantes que são os que articulam o inconsciente e marcam a determinação simbólica do sujeito. Não há nascimento do Outro, porque o Outro está desde sempre esperando um corpo para encarnar. O de que se trata é do nascimento do sujeito, ou seja, dos *"efeitos que a combinatória pura e simples do significante determina na realidade em que se produz"* (Lacan, *Écrits*, 649), ou seja, do "efeito sujeito".

A reflexão lacaniana sobre a inserção do indivíduo na cultura se inicia no texto "A família", sendo que a referência à cultura corresponderá ao futuro conceito de ordem simbólica. A cultura não se confunde com a realidade social. Ela designa a ordem, o sistema de regras que funda essa realidade social e ordena a vida psíquica, ou seja, é o sistema parental e simbólico que determinará a posição do sujeito.

Vemos no início do romance a colocação da Ordem Simbólica que ousarei resumir do seguinte modo: Paris é um imenso lixo, mas não é o fedor que separa os homens dos animais e das coisas, e, sim, as leis de alianças e de parentesco, isto é, a linguagem.

Embora não houvesse atividade humana ou manifestação alguma de vida que não fosse acompanhada de fedor, e que essa mulher — mãe de Grenouille — confundisse sua carne ensangüentada com peixes e fosse insensível a odores, ela esperava um dia casar e ter de verdade filhos, como a honrada esposa de um artesão. A descrição da cultura parisiense através do odor é um recurso imaginário que remete à ordem simbólica: os cheiros do padre, do nobre, do camponês, da mulher etc. apontam a cultura como um conjunto de sistemas simbólicos no topo dos quais se situam a linguagem, as regras matrimoniais, as relações econômicas, a arte, a ciência, a religião.

"Paris é um lixo, ou melhor, Paris fede indica simbolicamente uma organização onde o público e o privado se misturam, onde reina a promiscuidade, no sentido de que os dejetos (o privado) são visíveis, o status das ciências da época para o qual ter dentes podres, sífilis e ter tísica não era nada anormal, bem como morrer cedo. Mas, apesar dessa profusão de odores que caracteriza a cidade, as leis de aliança e parentesco que regem a cultura estão representadas pela aspiração da jovem grávida que, apesar de insensível a odores, espera um dia casar-se com um homem honrado e ter de verdade filhos" (Süskind, p. 9).

Ter de verdade filhos após se casar — poderemos colocar assim o projeto dessa mulher, o que implica num reconhecimento da lei de aliança e parentesco e de que o pai não pode ser excluído do ato de nascimento. Essa ordem simbólica que preside as relações ditas humanas coloca que parir o produto de uma relação sexual não é aceitar o ato de nascimento de um filho. O ato de nascimento de um filho depende da função paterna, entendida como representante da lei cultural, que, ao dar o nome à criança, a instaura como filho, ou seja, como um produto não unicamente biológico (do corpo biológico materno), mas como representante de uma constelação de desejos. A função paterna, antes de ser um exercício de autoridade, é bem mais um ato de libertação, ato que liberta a criança da relação sensível entre os corpos e a coloca no seio de uma linhagem, ou seja, de uma ordem simbólica.

Essa jovem mulher grávida que espera um dia ser mãe não pode separar, no presente, sua carne ensangüentada das vísceras de peixe, seu produto de algo exterior. Não há dentro nem fora, não há falta. Não havendo falta, a castração não opera aí. Essa mulher está em gozo, numa completude onde nada lhe falta. Ela não pode ser mãe. Para ser mãe, Freud coloca que a menina precisa se dar conta de que algo lhe falta para no lugar do objeto faltante colocar outro objeto, ou seja, além da falta colocada é necessário fazer uma equivalência simbólica: trocar o pênis pelo bebê. O filho aparece então como substituto do objeto perdido e é investido libidinalmente — reveste-se para a mãe de um valor fálico.

Se no presente nada falta a essa jovem mulher, como ela poderia atribuir uma significação fálica ao seu produto? É por isso que ela "*cortou com a faca de peixe o cordão umbilical dessa coisa recém-nascida*" (Süskind, p. 9), isto é, seu produto é uma coisa que não se diferencia de outras coisas, ou seja, não tem valor fálico. *"De onde viria o sangue de sua saia? Dos peixes"* (Süskind, p. 10).

A coisa recém-nascida chora ou, melhor, grita. O grito decorrente do corte do cordão umbilical, primeira ruptura que a separa do Outro, a salva. É uma criança, não um peixe, constata assustada a população.

O choro é grito porque se diferencia da voz mesma pela ausência nele do caráter significante. Enquanto implica um apelo ao Outro, esse grito é o objeto como tal. Ao faltar-lhe o caráter significante, como primeira forma de demanda, o grito causa silêncio. Há para Lacan um caráter primordial do vazio do grito que permite entender por que ele é o objeto enquanto tal. Ele é o nó radical que une a demanda com a pulsão. O grito designa aí o modo do sujeito acéfalo da pulsão — um sujeito "esburacado". Mas o sujeito da pulsão ainda não está situado, precisa articular-se com o inconsciente.

O grito remete ao "buraco" central, ao vazio central e, portanto, à demanda absoluta, que não pode ser respondida porque respondê-la implica em

Morte. O grito, o corte coloca o objeto perdido — a placenta. Escritura primordial inaugural, tempo lugar dos gozos fetais e festivos, é a dura prova da eclosão do ser. *"O pai, o escrito, a placenta! A morte, o sexo, parturição, operação de corpos, educação"* (This, p. 248). *"Para que nascer rime com não ser, a negação vem, escandalosamente, marcar o ser desde o momento em que ela se manifesta, pois a morte está no início de cada vida: Eu / não eu, vida / morte / o que era eu já não é eu, um corte me separa dessa parte de mim mesmo"* (This, p. 248).

Com o grito, esse par sexual fusionado, esse "um só corpo", ser miticamente completo, se rompe. Grenouille não é um pedaço de carne do corpo da mãe, algo que se destaca, se separa do Outro materno. *"A vida só é possível a partir da experiência de sacrifício de uma libra de minha carne"* (This, p. 248). Essa mulher, que sente dores intensas, secciona a placenta e desmaia. É um momento de angústia que revela a ausência do Gozo. A completude não é mais possível, a horrível dor do parto é a dor da separação, da perda de uma parte de seu próprio corpo. O quadro do filho misturado à placenta e jogado junto às vísceras de peixe mostra que a perda ocorrida é a da placenta, que representa o objeto perdido, e o esfacelamento da Coisa, e a impossibilidade do gozo. Explicitemos que a "C*oisa materna freudiana; o objeto perdido não é o objeto* a *lacaniano, o objeto* a *é o resíduo da coisa*" (Jurainville, p. 153).

O grito o salva e condena sua mãe à morte. Começa aí a história de um assassino. O psicótico falará sempre à cultura. Ou seja, o Outro que deveria ser barrado, recalcado, inconsciente, é para o psicótico consistente, e a consistência de que se trata aí é imaginária. Na cultura parisiense, deixar um filho morrer à míngua é assassinato. O Outro já espera o sujeito com significantes que deverão ser lidos: Grenouille *"é o bastardo da infanticida da rue aux Fers"* (Süskind, p. 12). Esses significantes, se tomados como signos, remetem a uma assassina, mas a situação também pode ser lida como o bastardo — o que nasceu fora do matrimônio (Buarque de Holanda) — da infanticida — a que mata os recém-nascidos, a que não inscreve simbolicamente o filho.

Vê-se, no romance, como o Outro se encarna no sujeito ao longo de sua história, como efeito desse dito inaugural.

As mulheres parisienses com dons maternais — as amas — suportarão essa marca simbólica que aponta um lugar, desde onde será montada a história de Grenouille: uma criança foi rejeitada como filho, condenada à morte pela mãe, e colocada no lixo como dejeto.

É por isso que quando interpelada sobre por que não quer cuidar de Grenouille, uma das amas responde ao padre Terrier que não é questão de dinheiro. Cuidar de uma criança implica num investimento libidinal, que só é feito a partir do momento em que a criança se reveste de valor fálico *"- Eu não quero dinheiro — disse a ama. - Só quero esse bastardo longe"* (Süskind, p. 13). O bastardo (não tem pai nem mãe, o que não é nomeado, não tem um projeto de vida particular esperando-o, pois não é desejado) representa para essas mulheres o demônio — eu diria o demoníaco, já que o demônio é pleno de sentido; aqui o que horroriza essas mulheres é o não-senso, o que está fora da linguagem, da lei simbólica, isto é, o real.

Esse pedaço de carne é devorador. *"Me sugou toda, me esvaziou até os ossos"* (Süskind, p. 12). Devorador, quer dizer, destruidor, ameaçador porque não porta sinal nenhum, não traz uma marca simbólica que aponte sua origem, sua particularidade. O que está fora da cultura e da linguagem é o não-simbolizado, o real como impossível *"Ele não tem cheiro nenhum. O cocô dele cheira bem. Ele, o bastardo, é que não tem cheiro algum. ... Minhas crianças cheiram como filhos de gente, devem cheirar"* (Süskind, p. 14) ... *"Eu só sei uma coisa: que fico arrepiada de horror desse bebê, porque ele não cheira como as crianças devem cheirar"* (Süskind, p. 15).

Mas por que uma criança tem de ter cheiro e não cor? Porque o cheiro deve ser tomado na sua referência cultural e simbólica, como um traço distintivo de cada sujeito, além de uma mera característica dos objetos. Ao nível da ordem humana, ter cheiro é o modo de "estar na cultura", é ser colocado dentro de uma linhagem ou, ainda, ser reconhecido como filho. No imaginário dessas mulheres, como a ordem de algo sensível, o cheiro permite-lhes entrar em uma relação libidinal com a criança, enquanto tida como um pedaço de carne, mero corpo fragmentado, e portanto real, que será assim marcado pelos significantes do Outro. No seminário "A lógica do fantasma", Lacan colocou que é do imaginário da mãe que a criança depende para ter acesso aos significantes do Outro, e é por esse "fazer" (o cheirar) que uma mãe parisiense do século XVII faz a a criança passar da ordem animal (instintual) para a cultural (a pulsional).

Esse cheirar, que nada mais é do que uma atividade pulsional que a mãe realiza sobre o corpo da criança, indica uma série de práticas culturais como alimentação, higiene, lazer a que se submeteu esse *"corpo selvagem, não domesticado"* (como quer o filosófico), real do corpo, segundo Lacan, a uma regulamentação cultural, que nada mais é do que inscrições significantes no corpo. Assim, o que era exterioridade, puro buraco exterior — o Outro real — vem para dentro, isto é, se corporifica, marca uma ordem pulsional, um corpo erógeno. Como explicar então esse horror da ama de Grennouille? Esse horror a Grenouille, como aquele que cheira nada é o horror diante do inapreensível, do não-simbolizado, do objeto *a*. O objeto *a*, enquanto oral, é o nada *(o Rien)* que vem cobrir o vazio do objeto perdido. É por isso que o objeto *a*, como *Rien*, é o objeto *a* por excelência, porque coloca a carência na estrutura e promove o aparecimento de um sujeito nadificado, ocasionando assim uma das paixões do ser.

É a rejeição da ama, ato que pode ser entendido como uma repetição desde um dito que antecede o sujeito, que permite uma inscrição simbólica, primeira metaforização na estrutura, na qual colocará o lugar do objeto *a*: "o bastardo da infanticida" é agora substituído pelo "bastardo que não tem cheiro".

Essa primeira metaforização não é a metáfora paterna, que instaura a lei, o Outro simbólico, mas a que instaura um significante do Outro, do super-eu. *"Trata-se aí de uma operação sobre o Outro real, onde seus significantes são lidos como signos, e o corpo ainda não é simbólico, embora corresponda à fixação da pulsão no inconsciente, ou seja, tempo onde a Pulsão de Morte opera, inscrevendo uma letra"* (Leclaire, 1979). Aí o corpo de Grenouille é preso no real como lugar do impossível, com o Outro sendo absoluto, e o gozo que dele retorna sobre o corpo o despedaça.

A pulsão de morte define-se como vazio estático que o sujeito encontra no prazer ou na dor e do qual só se preserva pela letra. A Pulsão de Morte é o zero atraente em torno de que o sujeito gravita, a antinomia do "um". A Pulsão de Morte, desse modo, intervém na constituição do sujeito em duas fases: a que inscreve a letra no inconsciente (olfativo, visual, auditivo ou outro) é que conduz a linguagem pela função metafórica da letra, quando, pela operação metafórica paterna, a letra é substituída por um simbolo alienante. *"O idiota enxerga mais com o nariz do que com olhos, ...farejou, mas não cheirou nada senão o repolho comido ao meio-dia ...Ficou farejando por cima da cabeça do bebê, esperando captar o cheiro... mas não cheirou nada"* (Süskind, p. 19).

Embora haja colocação do significante no real, isto não basta para o Outro existir, pois este, enquanto lugar, não pode ter consistência. Nessa relação o que se vê é Grenouille tomado como falo positivo, isto é, um objeto que tapa o furo do Outro. Uma tal estrutura de superfície não furada, a + A, acoplada com o corpo furado do Outro, explica a importância da pulsão oral na estrutura. A oralidade implica a relação com o Outro e a mutação do real do objeto alimento em signifcante. A dialética, que é significante, situa esse objeto oral no nível do nada, incluindo aí uma perda — aquela que Lacan aponta como central e se designa como a castração. Lacan nos mostra que na anorexia se come nada, evocando assim o papel da pulsão oral como primeira representação do vazio.

Grenouille cheira nada: o vazio está preservado. É isso que horroriza não só a ama como o padre. Esse real, o não nascido, o não simbolizado é monstruoso e deve ser morto, eliminado.

"Fora com isso, pensou Terrier,..." (Süskind, p. 22) ...*"Certa vez, as mais velhas se juntaram para sufocá-lo... Não queriam tocá-lo. Horrorizavam-se e enojavam-se diante dele como uma grande aranha, que não se esmaga com as próprias mãos."* (Süskind, p. 27). Grenouille é para elas o objeto *a*.

É preciso que o real morra para que a ficção apareça. Somente um morto-vivo, que nem seu cheiro dava, pode suportar o insuportável. Somente um ser cuja paixão era a morte — Madame Gaillard — poderia suportar algo tão monstruoso.

Teremos aqui que, para os que entram em relação com Grenouille, ele funciona como um espelho, superfície vazia que tem a propriedade de refletir o que aparece na sua frente — uma das funções do analista quando se coloca em posição de A, do Grande Outro...

"Essa criança sem cheiro, cheirava-o todo, desavergonhadamente! Farejava-o. E, de repente, ele se sentiu fedorento, fedendo suor e vinagre, a chucrute e roupa suja. Sentiu-se nu e nojento, como que surpreendido por alguém que, por sua vez, nada de si revelava. A criança parecia cheirar até mesmo através de sua pele, dentro dele. Os sentimentos mais delicados, os pensamentos mais sujos ficavam desnudos diante daquele narizinho ansioso, que nem nariz era ainda, só um toquinho, um ínfimo órgão esburacado, que se franzia, inchava e estremecia e vibrava sem parar" (Süskind, p. 21).

"*A criança olhada, ela tem o* a. *Será que ter o* a *é sê-lo?*" (Lacan, 1982, 135). Segundo Lacan, a função fálica tem origem na oralidade. É na dialética com o objeto oral que se instaura a função fálica, porque ambos estão misturados, o objeto *a* foi somente recortado, não ocorreu sua queda. Essa diferenciação entre o objeto *a* recortado, o e objeto *a* caído, como resto de uma operação significante, é importante para se entender por que Grenouille causa horror, fascinação e indiferença.

O objeto oral é o que o sujeito recolhe do Outro furado, e faz com que ele não seja furado. Desse ponto de vista, Grenouille é todo ele um nariz, ele é "um", ele é todo, embora nariz. Aí não estamos mais diante do puro vazio, mas de um recobrimento desse vazio, isto é, dos objetos *a* enquanto recobrimentos do vazio central — os objetos pulsionais.

Aclaremos um pouco mais a questão do objeto. O objeto *a* é a invenção lacaniana para operar o real. O real é o inominável, o inapreensível, o impossível fora da linguagem. Não há significante depurado de resíduo que o diga, sendo que o objeto *a*, enquanto causa real, é radicalmente ausente, refere-se ao puro gozo. Mas no real nada falta, o que dá estatuto de ausência é o significante. Aí, pode-se dizer, já se opera uma defesa contra o real. O objeto *a* em sua causa simbólica é esse recorte do real — o real simbolizado, que ocorre com o surgimento do significante. Esse é o estatuto fundamental do objeto *a*, objeto-causa do desejo, pois é só a partir da entrada do significante que a estrutura é colocada e passível de operações. Portanto, na leitura do texto, deve-se operar com dois valores: o objeto *a* enquanto causa do desejo e o objeto *a* enquanto objeto pulsional.

Em relação a esses dois valores, podemos colocar que o romance persegue duas linhas fantasmáticas: Grenouille, o assassino, em que se evidencia o objeto *a* como causa do desejo, e Grenouille, o perfumista, em que se evidencia o objeto *a* como objeto pulsional.

Grenouille, o assassino — aquele cuja presença nunca é agarrada, que provoca horror e fascinação, sempre se evade mas sempre volta ao mesmo lugar —, é o objeto *a* por excelência. O assassino e, por metonímia, o cadáver das jovens assassinadas, como objeto *a*, é o que não aparece, impossível de se descobrir, qualquer que seja o aparato. O assassino — o sempre subtraído, o perdido, que quando é visto, ou revelado, aparece como *i(a)*, ou uma imagem, uma vestimenta de *a* — é Grenouille, com a gota da essência odorífica da impossível mulher, gota que libidiniza esse corpo e lhe dá contorno fazendo o *i(a)*, a imagem do objeto *a*.

"*O objeto resiste, e essa resistência é o nome que se chama, da parte do sujeito, fascinação*" (Leclaire, 1983, 150). É na fascinação que é capturado o povo de Grasse. A festividade e orgia subseqüentes à visão de "o assassino" respondem pela captura que o imaginário faz do real e de seu efeito de comunhão, orgástico, sobre o sujeito. É o efeito jubiloso, do gozo provocado pelo *i(a)*, como primeira forma visível que vem ocupar o lugar da falta primordial — o objeto *a*.

Contudo, se Grenouille funciona como um mistério é porque o significante-assassino o permite, não por uma propriedade particular deste pequeno outro sujeito. O assassino, como objeto *a*, funciona como causa do desejo, como resíduo do funcionamento significante.

O objeto *a* em sua função significante — o assassino — é o que no registro corresponde a uma construção significante no lugar do objeto perdido irrecuperável, que se designa como axioma fundamental do sujeito. Em outras palavras, o objeto *a*, como causa do desejo, implica em que se construirá aí um fantasma, colocada a ausência do objeto perdido. O objeto nesse nível relaciona, ordena e organiza todas as hipóteses e construções do sujeito. Será uma tentativa de recuperação do gozo perdido. É assim que vemos os principais personagens do romance (Madame Gaillard, Mestre Baldine, artesão Druot, Marquês de la Taillade-Espinasse, vice-cônsul Richis), que, ao se envolverem com Grenouille, serão tomados por um drama que culmina em tragédia, que nada mais é do que a tela fantasmática de cada um.

Isso porque Grenouille, enquanto funciona como causa do desejo, é um espelho que reflete o desejo, e este, sendo desejo do Outro, não pode ser respondido, é enigmático. Ao não suportarem o enigma, não poderão saber sua causa. Os personagens ficarão presos na rede fantasmática, no desejo do Outro, exatamente o oposto de Grenouille, que não logrou uma construção significante que apreenda o gozo e o proteja do real. A classificação e ordenação do mundo em relação a odores é, na verdade, uma construção delirante, na qual não pode ter um fantasma para protegê-lo.

Grenouille, o perfumista, é o drama que revela a tentativa de sustentar seu ser como falo imaginário e de construir de um corpo erógeno, um corpo pulsional.

O Outro como conjunto das determinações simbólicas que antecede o sujeito é a língua materna, um conjunto de significantes, um saber infinito na medida em que um significante remete a um outro, e outro e outro... Assim, não pode responder ao enigma do Desejo do Outro. O Outro, que é constituído por significantes, será sempre barrado, um buraco, um vazio. O sujeito se identificará com o próprio vazio, como se este lhe respondesse sobre o desejo de sua mãe. Deseja ser tudo para ela (o Grande Outro), é o complemento de sua falta — o falo (falo positivo). O sujeito é o desejo do desejo do Outro, identifica-se com o objeto deste desejo: o falo.

Nesse primeiro tempo do Édipo, identificando-se como o objeto do desejo do Outro, submetida passivamente e assujeitada, a criança não é um sujeito mas uma falta, um nada (*Rien*), porque não está situada ou referenciada individualmente no circuito simbólico da troca. Ao se confundir com o objeto de desejo do Outro, realiza uma fusão com a mãe, da qual não é mais do que um prolongamento, coloca-se como um nada. Não tem substituto simbólico de si, portanto, está privada de singularidade, de subjetividade e de lugar na sociedade. Esse é o tempo da captação imaginária e o reinado do narcisismo primário.

O drama de Grenouille se desenvolve nesse primeiro momento da operação na estrutura. Como sustentar seu ser nesse nada (*Rien*)?

Lacan coloca que toda identificação é uma identificação ao significante; a palavra, o verbo liberta o sujeito da situação dual, onde é o próprio corpo do sujeito que vai responder ao Desejo do Outro. Isso é responsável pelo fenômeno fragmentação do corpo, que se vê na psicose, porque o corpo responde ao saber do Outro, que sendo infinito não tem resposta ao Desejo do Outro.

Convém esclarecermos que a falta é o vazio, o zero, o aquém pulsional. Refere-se à ausência do complemento e precede a pulsão. A falta comporta mais a idéia do drama vivido do ser incompleto, a vivência da falta radical conseqüente à separação do corpo materno, do que a idéia de um apelo erótico qualquer. É o momento do significante puro que aparece no real — o grito — da Demanda no Outro — não é peixe, é uma criança.

Esse puro vazio exterior, o significante no real, a Coisa materna *(das Ding)* é o Outro absoluto, que, por um processo de metaforização, passará para dentro na estrutura. O real é simbolizado, a falta é colocada na estrutura, ou seja, é inscrita no corpo. Entramos aí no domínio do pulsional. A pulsão é o eco de uma palavra sobre o corpo e corresponde à Demanda do Outro. Grenouille cheira nada. Cheirar é o elemento lingüístico e mnésico que preenche o vazio primitivo e o preserva: primeiro recobrimento, primeiro objeto pulsional. O que é perdido em termos de corpo continua através da pulsão: comer, ver, ouvir, cheirar,..., isto é, o jogo perdido ou o gozo, mais precisamente, o resíduo do gozo funcionará através da pulsão.

Que o gozo perdido do corpo funcione através da pulsão implica em que é somente através do significante da Demanda do Outro — o cheiro — que a falta pode se inscrever. Ao funcionar como "um nariz", objeto parcial — "todo ele nariz" —, Grenouille conserva o próprio corpo como uma armadura de gozo. O gozo do corpo é auto-erótico, o corpo só serve para gozar, está em pleno reinado o auto-erotismo. Esse estado do sujeito é mais um despedaçamento do corpo, que é cortado pelas pulsões: sendo parciais, não poderiam integrar um corpo num todo. É através da imagem do Outro e de sua identificação que esse corpo despedaçado poderá tomar a forma una, que Lacan chama de ortopédica, uma armadura que dá a ilusão de um corpo unificado: o *i (a)* imagem do outro-imagem unificada.

É essa a tarefa que Grenouille perseguirá: a conquista de um corpo, a partir da unificação deste. "Eu sou perfumista" é a resposta de Grenouille ao real do corpo (fantasma do corpo despedaçado), tentativa imaginária de construir uma imagem, um corpo totalizante, o qual pudesse agarrar, possuir — que é a problemática do ser, ser o falo, falo imaginário.

O sujeito psicótico é, pois, levado a servir-se de bengalas imaginárias que não lhe dão apoio quando ele tropeça no buraco da significação ausente, pois o estádio do espelho, momento de construção da imagem unificante, não corresponde ao momento simbólico do sujeito, não é suficiente para que se possa tomar posse do próprio corpo..., pois o que dá característica ao corpo é o significante. Há forclusão do Nome do Pai, significante primordial que separa o gozo do corpo.

A busca do cheiro, da essência que daria o cheiro de "A Mulher" em Grenouille é esse recurso de imaginarização da tentativa de construir uma imagem, a do próprio corpo, que pudesse sustentar seu ser.

Se a pulsão é uma montagem organizada sobre a falta radical de um objeto, o *i(a)*, imagem unificada, será a primeira forma visível que vem ocupar o lugar dessa falta. O *i(a)* é uma imagem, não o objeto. O imaginário tem função de oferecer suporte para a libido. Quando há um fracasso nessa função, produz-se o retorno inquietante ao que essa função excluía: o objeto enquanto falta.

É assim que Grenouille passa a vida toda buscando, um a um, o cheiro que pudesse lhe dar "A Mulher" — o impossível. Preso ao imaginário, perseguirá, através de uma montagem pulsional, o objeto impossível de se apreender, o que só o simbólico, o significante poderia indicar-lhe. Desse modo, perseguirá uma coleção de vinte e cinco mulheres, das quais possa extrair o cheiro e ter a essência, a marca inconfundível de "A mulher", do objeto *a*. Mas o *i(a)* não é o *a*, um é imagem e o outro objeto. Nessa coleção, o sujeito é o objeto que falta e só seu cadáver pode completá-la. Uma coleção a que não se agregam novas peças em realidade está morta. Ao concretizar seu objetivo, ao completar sua coleção, Grenouille é agora, ele próprio, "a coleção", o *uno*, o *a*. Morte. Passagem ao ato. Fim do drama. Realizou-se a tragédia do Desejo — Desejo do Outro.

CAPÍTULO IV

SOBRE A QUESTÃO DO SER: A PULSÃO E O OBJETO

1 – A PULSÃO: CONCEPÇÃO FREUDIANA

A concepção de pulsão surge, em psicanálise, atrelada à sexualidade, sendo esta considerada o modelo de toda pulsão, de forma que, ao se falar na pulsão por excelência, referimo-nos à pulsão sexual.

Segundo Garcia-Roza (1995, 79), os conceitos de pulsão e pulsão de morte são os mais originais do "caldeirão da bruxa" metapsicológica. O termo pulsão surge bem cedo, em 1889, sendo a partir daí empregado por Freud inúmeras vezes, embora seus contornos fossem mal definidos e sua extensão pouco clara. A pulsão só ganhará estatuto de conceito em 1905, no texto os "Três ensaios sobre a teoria da sexualidade".

O uso do termo pulsão (*Trieb*) como sinônimo de instinto (*Instinkt*), este último usado na tradução de James Strachey, na versão do alemão para o inglês, gerou distorções em psicanálise e continua a criar equívocos se se faz uma leitura superficial que não leva em conta a evolução, refinamento e precisão que o termo vai adquirindo na obra freudiana. Se, no início, Freud faz equivalências do termo pulsão com outros como excitação pulsional (*Triebgung*), moção de desejo (*Wunschrugung*) e excitação (*Erregung*), ele jamais usou como equivalentes pulsão e instinto, este último, termo que raramente aparece nos seus textos (Garcia-Roza, 1995, 80).

Etimologicamente, os termos *Trieb* (pulsão) e *Instinkt* (instinto) têm igualmente o sentido de empurrar — a ação de incitar, impulsar. Mas o uso que Freud faz de *Instinkt* está referido a um campo epistêmico específico — o da biologia e em oposição ao termo pulsão. O instinto "*é um comportamento preformado, cujo esquema está hereditariamente fixado e que se repete segundo as modalidades relativamente adaptadas a um certo tipo de objeto*"(Laplanche

1985, 18). Também a pulsão se refere às relações entre o corpo e os objetos do mundo, sendo seu alvo a satisfação e não a reprodução. Esta aproximação ocasionou uma forma de naturalismo e psicologismo na leitura do texto freudiano que permitiu considerar a pulsão como derivada do instinto, o que resta de animal no ser humano (Garcia-Roza, 1990, 13).

A problemática da pulsão reside, para Laplanche (1980, 104), em se saber qual o correspondente na psicanálise à idéia de instinto como patrimônio filogenético herdado que existe nos animais. Para ele não é a pulsão, mas a fantasia que equivale a tal idéia. A fantasia, como um certo guia imaginário, fixa o desenvolvimento da pulsão. Ele se vale dos textos sobre o inconsciente e sobre o Homem dos lobos, onde Freud coloca que existe algo análogo ao instinto dos animais.

O conceito de apoio (*Anlehnung*) usado por Freud nos "Três ensaios sobre a sexualidade" é o que permite que se aproximem os dois conceitos — pulsão e instinto —, já que estabelece que as pulsões se apóiam inicialmente no instinto. Esta derivação conceitual é tomada por autores como Laplanche (1985) e principalmente por norte-americanos como uma derivação real, que conduziu à gênese da pulsão a partir do instinto. Garcia-Roza (1990, 14) rejeita essa idéia e situa o conceito de *Anlehnung* como "*fruto do compromisso empirista de Freud com a ciência da época e como um resquício de naturalismo nos primórdios de sua constituição teórica*".

Do ponto de vista epistemológico, o termo pulsão é considerado um dos conceitos fundamentais da psicanálise; refere-se à noção pouco clara de energia — a energia fundamental do sujeito. Excluindo-se os mal-entendidos relativos à equivalência pulsão-instinto, outra dificuldade apresentada é que, embora o conceito de pulsão oriente um conjunto teórico, ele não remete diretamente a um fenômeno clínico observável.

"*Um conceito básico convencional dessa espécie, que no momento ainda é algo obscuro, mas que nos é indispensável na psicologia, é o de* instinto"[16] (Freud 1915, 138).

"*O uso de idéias abstratas, com um certo grau de indefinição, é um passo necessário à construção de um conceito num campo científico.*" Freud (1915,

[16] A citação apresentada baseia-se na Standard Brasileira das Obras Completas de Sigmund Freud. Nessa coleção, o tradutor não diferenciou as palavras alemãs *instinkt* e *trieb*, usando na sua versão instinto para ambas. A palavra instinto foi grifada toda vez que a versão correta for pulsão.

137) situa, assim, o termo pulsão e o trata como uma convenção, já que a pulsão não é deduzida diretamente da realidade, mas mantém com ela relações significativas.

Conceitos fundamentais como pulsão, embora não sejam tomados como dados da experiência imediata, nem por isso deixam de ter função no campo que os engloba, uma vez que é o seu valor operatório, isto é, sua função significante que os justifica. Não correspondem a um saber existente nem tampouco refletem ou formalizam esse saber. Mais que preencher e acabar um conhecimento, eles implicam em um furo, problematizam e abrem novos espaços de saber. Conceitos desse tipo estão em evolução, sua criação implica em avanços e recuos, desvios e estabelecimento de novas articulações. É por isso que, em 1924, em uma nota de rodapé no texto os "Três ensaios sobre a teoria da sexualidade" Freud coloca que *"a teoria dos* instintos *é a parte mais importante da teoria psicanalítica, embora, ao mesmo tempo, a menos completa"* (Freud 1905, 171).

Nos "Três snsaios sobre a teoria da sexualidade", constata-se uma indefinição quanto à sua natureza ser ou não psíquica, pois Freud ora se refere ao termo como designando estímulos constantes provenientes do próprio corpo ora designando o representante psíquico desses estímulos.

"Por instinto *deve-se entender provisoriamente o representante psíquico de uma fonte endossomática e contínua de excitação, em contraste com um 'estímulo', que é estabelecido por excitações vindas de fora. O conceito de* instinto *é, assim, um dos que se situam na fronteira entre o psíquico e o físico. (...) ...um* instinto *não tem qualidade e, no que concerne à vida psíquica, deve ser considerado apenas como medida da exigência do trabalho feita à mente. O que distingue os* instintos *uns dos outros e os dota de qualidades específicas é sua relação com suas fontes somáticas e com seus objetivos. A fonte de um* instinto *é um processo de excitação que ocorre num órgão e o objetivo imediato do* instinto *consiste na eliminação desse estímulo orgânico. (...) ...duas espécies de excitação se originam dos orgãos somáticos, baseadas em diferenças de natureza química"* (Freud 1905, 171).

No artigo metapsicológico de 1915 vêm as seguintes colocações de Freud: *"Nada existe que nos impeça de subordinar o conceito de* 'instinto' *ao de 'estímulo' e de afirmar que um* instinto *é um estímulo aplicado à mente. Mas de imediato ficamos prevenidos contra igualar* instinto *e estímulo mental.* (...) ... *um estímulo* instintual *não surge do mundo exterior, mas de dentro do próprio organismo. (...) Um* instinto*, por outro lado, jamais atua como uma força que imprime um impacto momentâneo, mas sempre como um impacto constante. Além disso, visto que ele incide não a partir de fora mas de dentro do organis-*

mo, não há como fugir dele. O melhor termo para caracterizar um estímulo instintual *seria 'necessidade'. O que elimina uma necessidade é a 'satisfação'*" (Freud, 1915,138).

A pulsão é um conceito que ora designa estímulos constantes provenientes do corpo ora designa o representante psíquico desses estímulos. Garcia-Roza (1995, 82) aponta para o fato de que *a diferença entre pulsão e estímulo corporal não é claramente postulada por Freud que, no entanto, adverte quanto a igualar pulsão e estímulo, pois enfatiza que a pulsão pode ser considerada um estímulo para o psíquico.*

Para clarificar a idéia de estímulo para o psíquico, Garcia-Roza (1995, 83) recorre ao texto "Projeto para uma psicologia científica" onde o aparato psíquico é concebido como um sistema separado de suas fontes: *as excitações exógenas e endógenas que correspondem aos estímulos provenientes do mundo externo e estímulos provenientes do interior do corpo. Assim, tanto o estímulo externo como a pulsão são exteriores ao aparato psíquico considerado como o aparato de captura, transformação e ordenação das intensidades que lhe chegam de fora.*

Com a idéia de estímulo para o psíquico, evita-se identificar estímulo e pulsão e ressaltam-se as características enfatizadas na pulsão por Freud: que a pulsão é externa ao psíquico, ou seja, algo de fora que faz uma exigência de trabalho ao aparato psíquico, e, sendo exterior ao aparato, não é regida pelos princípios que governam esse aparato, a não ser no momento em que é capturada por ele. Enfim, distingue-se a pulsão propriamente dita (*Trieb*) de suas presentificações no aparato. Há, portanto, duas regiões no campo psicanalítico: a do aparato psíquico, onde se situam os representantes da pulsão, regidos pelo princípio do prazer, e a região situada além do princípio do prazer, que diz respeito à pulsão propriamente dita. Se o aparato é concebido como lugar da ordem — ordem das representações, dos significantes regidos pelo princípio do prazer e de realidade —, as pulsões ocupam o lugar do caos, da pura dispersão de intensidades pulsionais.

Afirmar que a pulsão se situa na fronteira entre o psíquico e o físico não implica em que o conceito de pulsão seja inabordável pela ciência, uma entidade mística e inefável, mas que, como ficção teórica, o conceito não se reduz nem a um campo nem a outro.

A pulsão em si, o ser da pulsão como tal não pode ser estudado, pois não se limita ao espaço psíquico nem se reduz às fontes somáticas, sendo fundamentalmente um ser-de-passagem, marcando a transição entre o somático e o psíquico. *"Reforça-se assim, a idéia do objeto teórico da psicanálise — a pulsão pura, isto é, um momento mítico em que a energia corporal se inscreve no universo da representação e adquire materialidade semântica"* (Birman, 1993, 19). A frase de Freud *"a teoria dos* instintos *é, por assim dizer, nossa mitologia. (...) Os* instintos *são entidades míticas, magníficos em sua imprecisão. Em nosso trabalho não podemos desprezá-los, nem por um só momento, de vez que nunca estamos seguros de os estarmos vendo claramente"* (Freud 1932, 119) indica, segundo Birman, que o ponto de origem da psicanálise é o da pulsão pura, sendo que seu objeto se configura em torno da teoria pulsional e seus impasses.

No artigo metapsicológico de 1915, a pulsão é ressituada da seguinte forma: *"Se agora nos dedicarmos a considerar a vida mental de um ponto de vista biológico, um* 'instinto' *nos aparecerá como sendo um conceito situado na fronteira entre o mental e o somático, como o representante psíquico dos estímulos que se originam dentro do organismo e alcançam a mente, como uma medida da exigência feita à mente no sentido de trabalhar em conseqüência de sua ligação com o corpo"* (Freud, 1915, 142).

Garcia-Roza (1986, 12) salienta que o ponto de vista biológico significa aqui o ponto de vista do corpo e, no conjunto do texto, clarifica-se a distinção dos conceitos de pulsão e instinto. A pulsão tem sua fonte no corpo e seu objeto no registro psíquico — o corpo não como produto da biologia, pois não se trata aqui de essência do corpo, de uma metafísica, mas do corpo como um referente, pois o que a pulsão sexual visa não é a reprodução, mas a satisfação. Para Freud, a sexualidade não é natural, é mesmo aberrante em relação à função biológica de reprodução. Ela se encontra submetida ao simbólico, isto é, a própria sexualidade será construída, assim como seus objetos, pois ambos não são dados naturalmente.

Ao introduzir o conceito de pulsão, mais particularmente da pulsão sexual, Freud acreditava abarcar a especificidade da sexualidade humana. Por isso seu modelo a situa como pluralidade e como dualidade: as pulsões seriam parciais, pois são oriundas de diferentes partes do corpo, e se reuniriam em grupos que fundamentalmente se confrontariam. Freud distingue então a sexualidade da necessidade biológica, o que pertence a Eros do que pertence à relação do organismo com o seu meio. *"Se começássemos por separar dois principais* instintos, *ou duas classes de* instintos, *ou dois grupos de* instintos, *em consonância com as duas grandes necessidades — fome e amor"* (Freud, 1932, 120).

No texto "Os instintos e suas vicissitudes", Freud decompõe a pulsão em quatro termos: a pressão (*Drang*), a finalidade *(Ziel)* , o objeto (*Objekt*) e a fonte (*Quelle)* ".

"Por pressão (Drang) de um instinto *compreendemos seu fator motor, a quantidade de força ou a medida de exigência de trabalho que ela representa"* (1915, 142). A pressão como elemento motor, isto é, como soma de força é uma propriedade geral das pulsões e até mesmo a essência destas. Essência cuja única definição dada é a de que há na pulsão uma certa quantidade que impulsiona a atuar — idéia vaga, já que nem a direção é colocada.

Laplanche (1980, 105) identifica *Trieb* com *Drang*. *Drang* significa urgência, impulso. Portanto, está-se diante de uma tautologia, já que a pulsão se define pelo que impulsiona. Laplanche enfatiza que Freud, ao medir a força pela quantidade, aproxima a psicanálise da ciência física.

"*A pressão* (Drang) *faz uma exigência de trabalho ao anímico, força que só pode ser medida pela quantidade de trabalho, o fator quantitativo econômico"* (Laplanche 1985, 18). No modelo termodinâmico é a energia potencial, a energia acumulada e transformada, a capacidade do próprio sistema em armazenar energia com vistas a uma ação específica.

Garcia-Roza nos adverte quanto às identificações do *Trieb* com o *Drang*, pois, se a pressão é uma propriedade necessária à pulsão, não é suficiente para defini-la, já que esta propriedade também está presente no instinto. O *Drang*, um *quantum* de excitações que tende à descarga, existe tanto no instinto como na pulsão. O que difere é que, no primeiro, *Drang* é uma força de choque momentânea, enquanto na segunda é uma força constante.

Com o termo *Drang*, introduz-se a hipótese econômica, o fato de que os processos psíquicos compreendem um fator quantitativo, um espécie de x, que não se pode medir em termos absolutos mas se pode comparar. Nos conflitos sempre vence o fator mais forte. Laplanche (1980) cita o texto "Neuropsicoses de defesa", onde o conflito se dá entre o que tem propriedade quantitativa (*quantum* de afeto ou soma de excitação) e as representações. A quantidade suscetível de aumento, diminuição, deslocamento e descarga estende-se pelos traços mnemônicos dos representantes.

Enfim, *Drang* responde pelo caráter ativo da pulsão, o seu caráter motor, de impulsão, sua prontidão para uma ação específica que lhe permite eliminar a tensão. É, por assim dizer, a expressão da própria energia pulsional.

O alvo ou finalidade (*Ziel*) *"de um* instinto *é sempre a satisfação, que só pode ser obtida eliminando-se o estado de estimulação na fonte do* instinto" (Freud 1915, 142).

O objetivo ou fim da pulsão sexual não é a reprodução, mas a satisfação. O fim não é a captação do objeto, mas algo que se obtém à margem do objeto. Falar em satisfação implica em que há possibilidade de o organismo alcançar uma descarga, isto é, reduzir a tensão a seu ponto mais baixo, obtendo assim a extinção (temporária) da pulsão. O objetivo da pulsão sexual não é o coito e o objeto não é o par heterossexual. O corpo e a sexualidade de que se trata aqui estão submetidos à ordem simbólica e não às leis da natureza. Nesse sentido, a pulsão é um desvio do instinto, pois a sexualidade humana perverte as leis naturais.

Laplanche (1985, 18/19) destaca que, nos "Três ensaios sobre a teoria da sexualidade", Freud situa o alvo como o *"ato para o qual impele a pulsão"*, ou seja, a série de atos que leva a uma certa realização, a montagem motora. É a realização de uma satisfação (*Befriedigung)* ou o apaziguamento da tensão provocada pelo *Drang* (impulso). A questão, segundo ele, é que relação existe entre um alvo totalmente geral, como o impulso, e a ação específica determinada. A resposta, diz ele, só pode ser obtida situando-se o objeto e a fonte, elementos necessários para a compreensão da noção de alvo.

A definição de fim encontra-se dissociada da fonte e do objeto porque o fim último, sendo a descarga total, não os leva em conta. Diferentes fins apontam diferentes pulsões parciais, mas o objetivo é sempre o mesmo e único — a satisfação. A unidade só é encontrada para Laplanche (1980, 108) na fantasia, esta entendida como um certo guia calcado num processo corporal. A alimentação, introdução de um alimento no corpo, fornece a fantasia de incorporação, já que se faz o objeto entrar no conjunto do corpo. O objeto se acha introjetado e incorporado ao corpo. Com a noção de introjeção, diz ele, menos somática e mais psíquica, e o conceito de fantasia, salva-se a noção de fim, de um fisiologismo puro, ao propor a idéia de um guia imaginário, baseado nos modelos dos processos fisiológicos.

O objeto (*Objekt*) de um "instinto *é a coisa em relação à qual ou através da qual o* instinto *é capaz de atingir sua finalidade, é o que há de mais variável num* instinto *e, originalmente, não está ligado a ele, só lhe sendo destinado por ser peculiarmente adequado a tornar possível a satisfação"* (Freud 1915, 143).

Falar de objeto da pulsão supõe alguns esclarecimentos prévios: o objeto é qualquer coisa que permita a satisfação pulsional e, portanto, é um meio. A pulsão sexual existe anterior e independente de seu objeto, seu aparecimento não é determinado por excitações vindas dele.

O objeto freudiano não é necessariamente um objeto inanimado ou uma coisa, uma objetividade em oposição ao ser subjetivo. Em "Três ensaios sobre a teoria da sexualidade", o objeto é definido como *"a pessoa que exerce uma atração sexual"*, mas isto não significa que o objeto em psicanálise seja a pessoa "total", pois nesse texto mesmo Freud descreve aberrações sexuais que contradizem esse ponto de vista e, em "Os instintos e suas vicissitudes", acrescenta: *"O objeto não é necessariamente algo estranho: poderá ser igualmente uma parte do próprio corpo do indivíduo"* (Freud 1915, 143). O objeto não pode ser a pessoa total, pois a pulsão não seria uma impulsão, mas uma atração por uma pessoa total. Também, o objeto não é meramente uma coisa, pois Freud coloca como objeto parcial o peito, as fezes e o falo. É essa dimensão que conduz à conclusão de que o objeto em psicanálise é sempre um objeto fantasiado, e não um objeto objetivo.

Por conseguinte, o objeto em psicanálise não é um objeto do conhecimento — objeto objetivo ou perceptivo —, mas um objeto fantasmático, um objeto parcial, ou seja, uma parte ou elemento em relação à vivência corporal, cuja característica fundamental é a de ser fantasmaticamente separado ou separável, tal como o pênis, o seio, o excremento. O objeto da paixão humana é simplesmente aquilo a que tende a pulsão, aquilo pelo qual a pulsão pode alcançar seu fim.

A pulsão pede um objeto para a satisfação, qualquer um — é o que o termo variável quer dizer. O objeto é necessário mas indiferente, dispensável, não tem especificidade. A contingência do objeto aponta para o fato de ele ser apenas o meio para a obtenção da finalidade da pulsão: a satisfação. Basta que tenha uma peculiar aptidão para a satisfação, para que seja objeto da pulsão (Garcia-Roza 1995, 92). "E*ssa aptidão não decorre das propriedades próprias do objeto, nem da adequação com as fontes, mas sim de traços que permitam à ação gratificante desencadear-se"* (Laplanche, 1985, 20).

Essa peculiar aptidão ou traços de satisfação que um objeto tem de ter para ser objeto da pulsão implica em ele, o objeto, estar referido à história do sujeito, ao seu desejo e à sua fantasia, isto é, o objeto da pulsão é sempre um objeto fantasmático. Quando a ligação da pulsão com um objeto é particularmente íntima, denomina-se fixação e se realiza em períodos precoces do desenvolvimento. Esse encontro com o objeto próprio para a sua satisfação traz para o movimento psicanalítico a idéia de relação objetal, opondo-se as noções de objetivo com objetal. Os anglo-saxões sustentam que a pulsão não é concebível sem uma determinada orientação, sem uma intencionalidade específica para certo tipo de objeto.

"Por fonte (Quelle) *de um* instinto *entendemos o processo somático que ocorre num órgão ou parte do corpo, e cujo estímulo é representado na vida mental por um* instinto*"* (Freud 1915, 143).

A noção de fonte da pulsão para Freud coloca-se de modo ambíguo, pois ora as fontes são externas ora são exclusivamente internas. Nessa definição de

1915, temos o estímulo corporal como fonte da pulsão e, ao mesmo tempo, o estímulo representado na vida mental pela pulsão, o que conduz à conclusão da pulsão como psíquica, diferente do estímulo, que seria corporal e exterior. No mesmo artigo, na página 138, Freud afirma que a pulsão é um estímulo para o psíquico e não se deve comparar pulsão e estímulo: *"...um* instinto *é um estímulo aplicado à mente. Mas de imediato, ficamos prevenidos contra igualar* instinto *e estímulo mental"*, e, no parágrafo seguinte, *"...um estímulo* instintual *não surge do mundo exterior, mas de dentro do próprio organismo"*.

A questão então se coloca nos seguintes termos: há, de um lado, o corpo e o estímulo corporal — o elemento somático e exterior ao aparelho —; e, de outro, a mente e a representação desse estímulo — a pulsão como elemento psíquico e interno. Ou há, de um lado, um estímulo corporal e a pulsão como elementos exteriores ao aparato e, de outro, a mente e a representação da pulsão como elemento psíquico e interno.

Enquanto Laplanche (1985, 20) considera o texto de 1915 como unívoco em relação a essa problemática e situa a contradição entre os textos de 1905 e de 1915, Garcia-Roza (1993, 97) situa *"A contradição no próprio texto quando Freud fala na pulsão como estímulo para o psíquico, o que implica em ser uma fonte externa, e quando afirma que o estímulo corporal é representado na vida anímica pela pulsão, o que induz a pensar a pulsão como psíquica e a fonte como interna"*.

Todavia, ambos os autores concordam que Freud é explícito quanto à idéia de não se confundir a pulsão com sua representação. Do ponto de vista metapsicológico, há necessidade de destacar a pulsão da sua inscrição, de situar a pulsão como elemento que está além do espaço consciente-inconsciente e que não se restringe ao universo da representação. No artigo "O inconsciente", também de 1915, Freud afirma: *"Um* instinto *nunca pode tornar-se objeto da consciência — só a idéia que o representa. Além disso, mesmo no inconsciente, um* instinto *não pode ser representado de outra forma a não ser por uma idéia"*.

Laplanche enfatiza que esse modelo de relação entre o somático e o psíquico usa uma metáfora que consiste na idéia de delegação: *"...uma excitação local, biológica, encontra sua representatividade* (représentance) *na vida psíquica como pulsão" (1985, 21)*. Freud não sabe se o processo é de natureza química ou se há forças mecânicas envolvidas, pois o problema ultrapassa o campo da psicologia, devendo ser resolvido pela biologia. *"O estudo das fontes dos* instintos *está fora do âmbito da psicologia. Embora os* instintos *sejam inteiramente determinados por sua origem numa fonte somática, na vida mental nós os conhecemos apenas por suas finalidades. O conhecimento exato das fontes de um* instinto *não é invariavelmente necessário para fins de investigação psicológica; por vezes sua fonte pode ser inferida de sua finalidade"* (Freud 1915, 144).

Laplanche ressalta que o texto apresenta uma armadilha ao leitor, já que Freud considera a pulsão em geral, não especificando a diferenciação entre pulsão de autoconservação e pulsão do eu. Por conseguinte, se a pulsão é biologizada, é para que a análise se estenda também aos comportamentos instintuais.

O fato de Freud postular a origem na fonte somática não implica em biologizar a pulsão sexual, em tomar o corpo biológico como princípio explicativo da pulsão, pois, do ponto de vista epistemológico, significaria colocar a natureza como ponto de origem da psicanálise, reduzindo assim sua amplitude e especificidade como campo de saber. Freud não deixou clara esta questão, embora, sempre que se refere à origem da pulsão como sendo o corpo, não considere o corpo como totalidade organizada, mas como uma parte ou órgão suscetível de excitação sexual em oposição ao corpo anatômico. Se considerarmos a amplitude do conceito de sexualidade, e que esta não está referida em psicanálise às leis da biologia e sim às leis da cultura, conclui-se que o corpo da psicanálise não é o corpo da biologia, e que este não pode ser o fator de inteligibilidade para as pulsões.

Ao falar de pulsão, Freud procede de maneira abstrata, englobando pulsões sexuais e não-sexuais, e utiliza o modelo hidráulico para ambas as categorias, com generalizações feitas para usar os quatro termos, impulso, alvo, objeto e fonte, na análise tanto dos instintos quanto das pulsões.

Na teoria freudiana, há dois grupos de pulsões que são antagônicos: as pulsões de autoconservação e as pulsões sexuais. As primeiras, consideradas pulsões não-sexuais, referem-se às funções corporais que visam à conservação da vida do indivíduo, seu protótipo é a função alimentar, enquanto as pulsões sexuais visam à obtenção do prazer sexual, um "prazer do órgão" — "*prazer ligado a um órgão corpóreo específico"* (1915, 146); a energia de investimento é a libido, enquanto nas pulsões de autoconservação trata-se do interesse.

Segundo Masotta (1986, 37), nessa primeira teoria pulsional, Freud *"escorava o modelo pulsional no primeiro modelo de defesa, ou seja, o eu exercendo repressão contra a sexualidade"*. O eu como conjunto de representações coerentes rejeitava representações que pertenciam à ordem da sexualidade, rejeição ocorrida por motivos exteriores ao sujeito — a norma social moral, criando assim uma cisão psíquica.

O uso do termo pulsões do eu como sinônimo de pulsões de autoconservação revelou-se também uma armadilha para os psicanalistas que consideravam o eu como estando a serviço da conservação do indivíduo. No quadro da primeira teoria pulsional, dualista e baseada na oposição fome-amor, a constituição de dois grupos era fundamental para contestar a teoria monista de Jung, que dessexualizava a libido. Freud se preocupa em deixar um lugar teórico para as pulsões não-sexuais, as quais ele não conseguiu precisar e classificar, sendo que a única determinação colocada foi que a pulsão é sexual e que o aparelho psíquico se constitui na base do conflito. A pulsão não era do eu, mas visava o eu, solução só encontrada com o conceito de narcisismo, em 1914, onde o próprio eu é objeto de investimento libidinal. Essa sexualização do eu elimina a destinação original, pois as pulsões do eu passam a ser sexuais, ficando a oposição entre a libido do eu e a libido do objeto. Em 1920, a dualidade é restaurada quando Freud elabora o conceito de pulsão de morte, substituindo a oposição pulsão sexual x pulsão do eu por Pulsão de Vida x Pulsão de Morte, onde a Pulsão de Vida engloba as pulsões sexuais e pulsões do eu.

No primeiro modelo pulsional, Freud estabelece uma relação de dependência entre as pulsões sexuais e de autoconservação. As pulsões sexuais, que só secundariamente se tornariam independentes, teriam no início se apoiado em funções vitais que proporcionariam a fonte orgânica, a direção e o objeto:

Ao se referir às pulsões sexuais, Freud coloca: "*São numerosos, emanam de grande variedade de fontes orgânicas, atuam em princípio independentes um do outro... A finalidade pela qual cada um deles luta é a consecução do 'prazer do órgão'... Logo que surgem, estão ligados aos* instintos *da autopreservação, dos quais só gradativamente se separam...*" (1915, 146).

No sentido relativamente estrito, a fonte é o órgão em que se produz o processo de excitação, a zona erógena, mas é também o processo de excitação. Os psicólogos não teriam assim muito o que dizer da fonte, a não ser descrever o fim que surge da fonte. Ou seja, só se conheceria a fonte pelo fim que ela expressa, como, por exemplo, a sucção pela incorporação. Aos biólogos sim, caberia a descrição das fontes — é o que esse processo nos permite concluir, e implicaria num atoleiro filosófico.

A questão da origem e da natureza da pulsão, no contexto da primeira tópica, deu margem a numerosas confusões, porque Freud manteve-se preso à tese formulada sobre o apoio inicial das pulsões sexuais nas funções corporais que servem à conservação da vida individual, permitindo aproximações e até mesmo a identificação da pulsão com o instinto. A idéia de apoio ou anáclise surge da concepção freudiana da sexualidade, pela primeira vez, na página 187 do texto de 1905. "*Nosso estudo do ato de sugar o dedo — o sugar sensual —*

já nos deu três características essenciais de uma manifestação sexual infantil. Em sua origem, ela se liga[17] *a uma das funções somáticas vitais, ainda não se tem objeto sexual e é, assim, auto-erótica; e seu objeto sexual é dominado por uma zona erógena"* (1905, 187).

Há aqui uma gênese precisa da sexualidade, onde a erogenização do corpo é colocada a partir da dependência biológica — dependência com o objeto primordial. Masotta (1936, 38) destaca que se Freud gerou o conceito de apoio — *Anlehnung*, onde a sexualidade humana nasce apoiada na função biológica, isto se dá porque a sexualidade se sustenta mal, necessita de alguma outra coisa para se manter. O desamparo biológico da cria humana coloca-a na dependência de objetos protetores — a mãe — e estabelece a erogeneidade em relação às partes do corpo que cumprem uma função biológica, isto é, das bordas externas que cumprem funções vitais.

A diferença existente entre a formulação de 1905 e a de 1915 reside no fato de que na primeira o apoio das pulsões sexuais é nas funções corporais enquanto na segunda é nas pulsões de autoconservação. Garcia-Roza (1995, 105) enfatiza que, se se identificar as pulsões de conservação com as funções biológicas, a diferença é irrelevante, mas se se mantiver a diferença, constata-se que são as pulsões sexuais que se apóiam nas pulsões de autoconservação, constituindo-se, assim, dois campos: o de pulsões sexuais e o de pulsões não-sexuais — conclusão mais cabível ainda quando se considera a questão de como apoiar a pulsão de morte numa pulsão de autoconservação da vida.

Conclui-se, com o conceito de apoio na sexualidade humana, que a pulsão se apóia no instinto não para se confundir com ele, mas para desviar-se dele. Freud cunhou o termo sexualidade perversa polimorfa para destacar esse desvio do objetivo da pulsão de autoconservação, sua desnaturalização, pois a biologia sofre nela uma transformação radical, já que a pulsão sexual não tem por finalidade manter a vida, não se totaliza, sendo sempre parcial. Os autores citados neste estudo concluem que a noção de apoio, fundamental ou não, mantém uma relação de oposição entre pulsão sexual e pulsão de autoconservação, pois Freud sempre estabeleceu diferenças na natureza das duas pulsões.

Enquanto na pulsão de autoconservação seu funcionamento é pré-determinado pelo aparelho somático e seu objeto é imediatamente fixado, nas pulsões sexuais seu funcionamento e objeto dependem de uma construção, ou seja, são

---

[17] O grifo na palavra ligação obedece o mesmo critério citado na nota 16. Aqui, o tradutor verteu a palavra alemã *Anlehnung* utilizando o vocábulo ligação, cujo sentido, embora não seja impróprio, não é muito utilizado pelos psicanalistas. O vocábulo correto seria apoio.

relativos a uma história. Abarcam todo o corpo e atividades corporais, se definem por um modo de satisfação obtido à margem do funcionamento relativo às necessidades e aspiram ao prazer de órgão, isto é, não visam às exigências biologias de adaptações e auto-conservações, mas apenas a um prazer local determinado a uma zona do corpo — a erógena — sem nenhuma articulação com outra zona ou o corpo como um todo. As pulsões são, portanto, parciais e anárquicas. As noções de zona erógena e de auto-erotismo, que surgem ligadas ao conceito de apoio, esclarecem e ampliam esse ponto de vista que considera que a sexualidade pode ser encontrada em toda parte, nascendo no próprio funcionamento das atividades humanas.

A atividade oral serviu como modelo para Freud descrever a zona erógena e o auto-erotismo, destacando a sucção do seio de um sugar sensual, ou seja, um sugar ligado à necessidade de nutrição e uma atividade de chupar prazerosa. No início a pulsão oral se apóia na função alimentar, a boca ou os lábios são ao mesmo tempo órgão sexual e órgão da função alimentar. Ao procurar alívio para a tensão corporal, a criança suga o seio e o afluxo do leite morno lhe dá satisfação com a absorção do alimento. Esse movimento rítmico repetitivo — de contato sugador através da boca (ou lábios) que carece de finalidade vital, que não tem objeto exterior à criança e produz um prazer no próprio corpo — Freud chamou de auto-erotismo.

A pulsão é auto-erótica quando *"não é dirigida para outras pessoas, mas obtém satisfação no corpo do próprio indivíduo"*. A criança que chupa o dedo *"busca algum prazer que já foi experimentado e é agora lembrado ... ela vai encontrar esta satisfação chupando ritmicamente alguma parte da pele ou membrana mucosa. Os lábios da criança, a nosso ver, comportam-se como uma zona erógena e, sem dúvida, o estímulo do morno fluxo do leite é a causa das sensações de prazer. A satisfação da zona erógena se associa, no primeiro caso, à satisfação da necessidade de nutrição. De início, a atividade sexual se liga a funções que atendem à finalidade de autopreservação e não se torna independente delas senão mais tarde. A necessidade de repetir a satisfação sexual desliga-se agora da necessidade de nutrir-se..."* (Freud 1905, 186).

É com o auto-erotismo que se pode falar propriamente em pulsão sexual, onde o que está em jogo não é a satisfação de uma necessidade, mas o prazer do órgão. Antes as pulsões sexuais se sustentavam nas funções biológicas e não se diferenciavam claramente delas. Com a atividade auto-erótica, as pulsões sexuais se tornam autônomas e visíveis.

No auto-erotismo as pulsões se satisfazem por sua própria conta sem que haja organizações de conjunto. Diferentes fontes e alvos específicos seriam responsáveis pela multiplicidade de pulsões como, por exemplo, pulsão oral e anal, pulsão de domínio, pulsão de ver. Ou seja, a pulsão em seu conjunto é composta por diferentes elementos — as pulsões parciais — ligados a uma zona erógena determinada ou a um alvo específico.

O conceito de pulsão parcial, correlato ao termo perversidade polimorfa, liga-se à fase auto-erótica em que cada pulsão parcial, cada uma por si, procura sua satisfação de prazer no próprio corpo. No plano sexual, qualquer ponto do corpo pode dar origem tanto à pulsão como a sua finalização. Em outros termos, qualquer lugar do corpo pode ser zona erógena, a partir do momento em que for investido por uma pulsão. Portanto, como as origens e alvos são numerosos, há a multiplicidade de pulsões. Como elas têm alvos parciais, torna-se difícil a sua unificação e, como os alvos são variados e moveis, há uma precariedade de seus destinos.

Em geral, no auto-erotismo não há nenhuma intencionalidade. É uma atividade que encontra um correlato no próprio corpo, uma atividade em que o objeto desaparece em favor do órgão que é fonte de pulsão e coincide em geral com ele, cujo modelo mais puro, segundo Freud, está nos lábios que buscam prazer em si mesmos.

"*O que vemos é um grande número de* instintos *componentes que surgem de diferentes áreas e regiões do corpo, que se empenham em obter satisfação muito independentes uns dos outros e encontram essa satisfação em algo que podemos chamar de 'prazer do órgão'*" (Freud 1932, 123).

O prazer do órgão é um prazer ligado a um órgão corpóreo específico. É um prazer local ligado ao conceito de zona erógena e de fonte. Como já assinalamos, a fonte pode ser tomada tanto no sentido estrito — o órgão que produz a excitação, lugar privilegiado de excitação — como no sentido amplo — processo de excitação —, o que implica que toda e qualquer atividade humana pode ser erógena — um movimento muscular, um pensamento e até a dor. Freud passa da idéia de zonas predestinadas — como se uma montagem biológica fizesse brotar a sexualidade de zonas predestinadas do mesmo modo que certas montagens fisiológicas (como as funções alimentares, excretoras, respiratórias e reprodutoras) — para a idéia de que todo órgão interno ou externo (como o revestimento cutâneo-mucoso), como toda função (atividade humana), pode ser fonte de excitação e, portanto, zona erógena. Confirma-se essa idéia com as citações no texto de 1905, na página 188.

"Ela é uma parte de pele ou uma membrana mucosa em que os estímulos de determinada espécie evocam sensações de prazer possuidoras de uma qualidade particular. Há zonas erógenas predestinadas, ... qualquer outra parte da

pele ou membrana mucosa pode assumir as funções de uma zona erógena"... (e na nota de rodapé) *"... fui levado a atribuir a qualidade de erogeneidade a todas as partes do corpo e a todos os órgãos internos."* Freud continua sua explanação na página 207 falando em prazer do movimento, *"excitações sexuais pela agitação mecânica ritmada do corpo"*, e em prazer derivado da excitação sexual decorrente do trabalho intelectual.

Freud conclui que o prazer advém de excitações sexuais que se produzem como efeito marginal advindo da superfície do corpo (pele) e órgãos sensoriais como de processos internos (excitações mecânicas, atividade muscular, trabalhos intelectuais, afetos como a angústia e a dor). Enfim, tudo o que se passa no organismo, função ou atividade, todo processo vital, tem uma ressonância sexual desde que ultrapasse um certo limite quantitativo, isto é, se coloque como uma excitação com certa qualidade. Nesse sentido a zona erógena não pode ser identificada apenas como a zona somática privilegiada, mas como *"um ponto especialmente exposto ao efeito marginal, de desvio da pulsão (seu duplo movimento de apoio e depois separação) de toda uma série de processos internos"* (Laplanche 1985, 29).

Com o conceito de pulsão parcial, Freud descreve um estado particular do ser humano — o estado de fragmentação do prazer — e considera o perverso polimorfo como condição virtual da criança. Freud não formula uma compreensão da espécie humana, de seus instintos, tendências e motivações gerais, mas apenas quer explicar a essência da sexualidade. Esta se encontra, na sua teoria, muito perto da noção de prazer do órgão — *Organlust.*

O prazer do órgão é definido em oposição ao prazer da função, que é o prazer derivado do funcionamento harmonioso de um certo aparato necessário à vida. Já o prazer do órgão não tem valor funcional, carece de significação vital, vincula-se somente a um lugar e sua excitação. *"O prazer de órgão se opõe também ao prazer de objeto e à totalidade do corpo. Com relação à idéia de prazer de órgão, pode-se dizer que não se contabiliza o prazer, não se compara com outro, não se subtrai, enfim, não entra na balança dos prazeres x desprazeres"* coloca Laplanche (1980, 124) "... cada prazer é único, ele está aí: *nasce e morre no mesmo lugar."*

A expressão "prazer de órgão" designa justamente a perversão do instinto, a idéia de um prazer de função, uma abertura para o objeto. Com o conceito de pulsão, Freud descreve e abarca a sexualidade humana no que ela é perversa, pois não visa nada a não ser o prazer localizado, prazer auto-erótico, prazer do próprio órgão; e, com o termo pansexualismo, ele designa o fato de que em "tudo" que se referir aos humanos pode haver sexualidade.

Com relação à pulsão sexual, além da pluralidade, do inacabamento, da falta de unificação, Freud situa ainda a incerteza quanto a seu destino. A *Triebschicksale*, termo que pode ser traduzido por destino, aventura ou vicissitudes da pulsão, aponta para a idéia de errância. A pulsão como força-constante *(Konstante-Kraft)* não pode ser destruída. Uma vez surgida, busca imperativamente a satisfação. O caminho em direção ao alvo passa pelo objeto, esbarra na censura e é por esse motivo que os destinos são variados ou, melhor, são modalidades de defesa.

O aparato psíquico é um aparato de captura do disperso pulsional, e essa captura impõe diferentes destinos aos representantes psíquicos da pulsão. Esses representantes, a *Vorstellung* (o representante ideativo) e o *Affekt* (o afeto), conhecem diferentes destinos. Os destinos do representante ideativo da pulsão são em número de quatro: transformação no contrário, retorno contra a própria pessoa, recalcamento e sublimação. Os destinos do afeto são três: transformação, deslocamento e troca de afeto.

O afeto é entendido por Freud como a expressão qualitativa do *quantum* de energia pulsional, enquanto a representação *(Vorstellung)* é um complexo de imagens. Tanto as intensidades quanto as imagens sofrem ação dos mecanismos defensivos.

No texto "Os instintos e suas vicissitudes", Freud só examina detalhadamente os dois primeiros destinos da *Vorstellung*, reservando um texto para o recalcamento e tratando da sublimação em vários textos, em particular no texto "Sobre o narcisismo — uma introdução".

A transformação no contrário ou reversão no seu oposto se dá de dois modos. Uma transformação se dá na finalidade da pulsão, onde a atividade é substituída pela passividade, como por exemplo na pulsão onde o objetivo ativo torturar ou olhar é transformado no objetivo passivo de ser torturado e ser olhado. Outra transformação se dá quanto ao conteúdo, como na transformação do amor em ódio.

O retorno contra a própria pessoa ou retorno da própria pulsão em direção ao próprio eu se refere à mudança do objeto e é também coincidente com a transformação da atividade em passividade. Freud descreve esse destino da seguinte forma:

a) O sadismo é o exercício da violência sobre outra pessoa como objeto.
b) Esse objeto é substituído pela própria pessoa. Aqui muda o objeto e a finalidade de ativo para passivo.
c) Uma pessoa estranha é procurada como objeto para exercer o papel de agente da violência.

Freud se refere ao último tempo como o do masoquismo. Em nota de rodapé acrescentada no texto em 1924, Freud explica que sua posição inicial onde o masoquismo era derivado do sadismo se alterou, ele passou a aceitar a hipótese de um masoquismo originário. Ele relaciona os três passos respectivamente aos três tempos verbais, voz ativa, reflexiva e passiva: torturar / torturar-se / ser torturado.

Após examinar a pulsão no par sadismo-masoquismo, Freud passa ao par voyeurismo-exibicionismo, onde se verificam os três tempos — olhar / olhar-se / ser olhado —, com o acréscimo de um tempo anterior na pulsão escópica, em que o objeto é o próprio corpo do sujeito, ou seja, uma fase auto-erótica. Antes do objeto estranho para olhar, haveria uma fase preliminar em que o próprio corpo do sujeito é o objeto de escoptofilia, a qual Freud denomina de narcisismo. Posteriormente, em 1924, Freud postulará também para o sadismo um tempo anterior — o masoquismo originário. Há uma alternância e uma coexistência desses opostos, denominada ambivalência, que é muito mais explícita no par amor-ódio. Nesse caso, o objeto é o mesmo para ambos os elementos do par oposto. Além disso, o amor supõe três oposições:

a) amar-odiar
b) amar-ser amado
c) amar e odiar-indiferença

A estas três formas de oposição do amar correspondem três polaridades:

a) Sujeito (eu)-Objeto (mundo exterior)
b) Prazer-Desprazer
c) Ativo-Passivo

À primeira polaridade corresponde o nível real cuja antítese "eu-não eu (mundo externo)" é marcada pela oposição "amar-ser indiferente". A segunda corresponde ao nível econômico e se refere ao que dá prazer e ao que provoca desprazer, e a última, ao nível biológico, refere-se à oposição atividade-passividade.

A antítese sujeito do eu-objeto não deve ser confundida com a antítese ativo-passivo, pois, na primeira, o eu é passivo em relação ao mundo externo na medida em que recebe os estímulos do mundo externo, e ativo no tocante às próprias pulsões (nota de rodapé sobre pulsão-prazer, texto de 1915, página 140).

No começo da vida mental o eu é catexizado com as pulsões, isto é, é o objeto de investimento das pulsões, caracterizando a forma de satisfação chamada auto-erótica e um estado narcisista. "*O mundo externo é indiferente, pois não sofre investimento, o eu ama apenas a si mesmo e encontra em si mesmo a fonte de prazer e satisfação, de modo que o eu coincide com o prazer e o mundo externo coincide com o indiferente, o que ilustra o primeiro dos opostos do amor: a indiferença"* (Freud 1915, 157). Essa situação se restringe às pulsões sexuais, já que as pulsões de conservação exigem um objeto externo e não um objeto fantasmático. O eu real (*Real-Ich*), presente desde os primeiros momentos da vida anímica, satisfaz suas pulsões de forma auto-erótica. O amor, então, deriva da capacidade do eu de satisfazer auto-eroticamente algumas de suas pulsões, pela obtenção do prazer do órgão.

No estado narcisista primordial a criança tem suas necessidades satisfeitas por um agente externo, que impede que elas se tornem maiores. Assim, o eu real original (*Real-Ich*), sob a influência do princípio de prazer, é substituído pelo eu prazer (*Real-Ich*): o eu introjeta os objetos do mundo externo que são fontes de prazer e projeta no mundo exterior o que no seu interior é causa de desprazer. O Eu real original distingue o dentro e o fora, o eu do não-eu e se transforma num eu prazer purificado, que coloca a característica do prazer acima de todos as outras e considera o mundo externo como dividido numa parte que é agradável, que ele incorpora, e uma parte que lhe é estranha e hostil. Aqui, novamente, o sujeito do ego coincide com o prazer e o mundo externo com o desprazer, que era anteriormente indiferente. Quando o objeto faz sua aparição, na fase do narcisismo primário, o ódio atinge seu desenvolvimento. Freud (1915, 158) considera a indiferença como um caso especial de ódio ou desagrado, já que ela aparece como precursora dele.

Assim como a antítese amor-indiferença reflete a polaridade eu-mundo externo, a segunda antítese amor-ódio reproduz a polaridade prazer-desprazer, que está ligada à primeira polaridade. O Eu prazer (*Lust-Ich*) é um eu purificado. A purificação, o que é bom, é introjetada e o que é mau é projetado para o mundo externo, o que constitui o eu prazer como o campo do que é bom, do amável, enquanto o mundo externo é definido pelo resto, pelo resíduo de prazer, pelo estranho e, portanto, odiado.

Enquanto no Eu real (*Real-Ich*) original o bom era vivido como o eu e o mundo externo como indiferente — porque a pulsão se satisfazia auto-eroticamente, prescindindo do objeto externo —, na passagem do Eu real para o Eu prazer constata-se que o mundo externo continua sendo fonte de estímulos, só que, se no primeiro momento o que não era prazer era indiferente, agora os estímulos que não são absorvidos e identificados com o eu passam a ser fontes de desprazer e objeto de ódio.

Na passagem da fase puramente narcisista para a fase objetal, coloca Freud (1915, 158), o prazer e o desprazer significam relações entre o eu e o objeto, pois as atitudes de amor e ódio não podem ser utilizadas para as pulsões e seus objetos, mas apenas para as relações entre o eu total e os objetos. Freud faz uma ressalva para o uso lingüístico, cheio de significações, das palavras amor e ódio, pois ninguém as utiliza em relação a um objeto. Nessa situação, quando se trata de necessidade relativa aos interesses da autopreservação, utilizam-se palavras como "ser afeiçoado a", "gostar de" ou "achar agradável". Com relação ao amor, este se desloca da esfera de pura relação de prazer entre o eu e o objeto e se fixa nos objetos sexuais no sentido mais estrito, e àqueles que satisfazem às pulsões sexuais sublimadas.

A terceira oposição, o amar-ser amado, corresponde à polaridade da atividade e passividade e deve ser analisada, segundo Freud, de acordo com o modelo de escoptofilia e sadismo.

A pulsão ainda sofre duas vicissitudes: a sublimação e o recalcamento. Na sublimação há uma inibição no objetivo, seus fins explicitamente sexuais são dirigidos para objetos que não apresentam uma relação aparente com o sexual. Um objeto sexual é aí trocado por outro, mais acessível e mais valorizado pelo social. Freud coloca as atividades artísticas e intelectuais como resultado da sublimação.

Freud supõe que a pulsão procura uma satisfação que foi obtida um dia na nossa pré-história individual — satisfação plena e encontro com objeto — e que é interditada, pois portadora do gozo e da morte. A partir daí, inibida quanto ao objetivo, segue um caminho de aventuras — a *Triebschicksale*. Ela se apresenta então através de seus delegados, o *Affekt* e a *Vorstellung*, sendo que é sobre este último, o representante, a idéia, que recai o recalcamento.

O recalcamento no sentido mais restrito é uma defesa — operação pela qual o indivíduo procura repelir ou manter no inconsciente representações ligadas a uma pulsão. No sentido mais amplo, é uma operação dinâmica que consiste em três momentos. O primeiro seria o do recalcamento originário; incide sobre os representantes e não sobre a pulsão e é responsável pela fixação da pulsão no aparelho psíquico. Forma-se, assim, o núcleo do inconsciente que funciona como atrativo para os elementos a recalcar. O segundo momento é o do recalcamento secundário, que funciona como pólo de atração e repulsa de representantes. E o terceiro diz respeito ao retorno do recalcado, sob a forma de sintomas, atos falhos, chistes e sonhos.

Enfim, a pulsão representa o corpo no psiquismo, não tem por finalidade manter a vida e não se totaliza, sendo sempre parcial. As pulsões são sempre ativas e anárquicas, buscam a satisfação que pode ser obtida de múltiplas maneiras. Elas só se fazem presentes através de seus representantes psíquicos: a idéia, o afeto, sendo que a ela mesma fica reservado o lugar do silêncio.

2 - A PULSÃO: CONCEPÇÃO LACANIANA

No Seminário XI, *Os quatro conceitos fundamentais da psicanálise*, Lacan faz uma detalhada leitura do texto de Freud "Os instintos e suas vicissitudes". Considera também o texto "Três ensaios sobre a teoria da sexualidade" para apontar os desvios e descasos dos analistas em relação ao conceito de pulsão e em relação à subversiva concepção freudiana da sexualidade. Na sua análise, Lacan opera articulando a primeira tópica, onde se destaca a dimensão simbólica em que situa o inconsciente estruturado como linguagem, à segunda tópica, onde se destaca a dimensão do real e se ressalta o lugar do Isso, como lugar pulsional e de gozo. Lacan radicaliza as concepções elaboradas por Freud, procede precisando-as e ampliando-as e acaba por criar uma nova concepção de objeto, o objeto *a,* que irá ter incidências inovadoras na concepção de sujeito.

Inicia o estudo afirmando que a realidade do inconsciente é sexual, verdade insustentável por introduzir a relação do sexo com a morte. A divisão sexual e a reprodução através da cópula garantem a existência da espécie e apontam para o fato de que o indivíduo é transitório e mortal. Na ordem da biologia, os organismos são considerados como já mortos, tão somente portadores de um plasma germinativo, e os indivíduos são uma contingência na vida que interessa, que é a da espécie, sendo seu destino natural a morte. Assim, na biologia a morte não é o contrário da vida, mas sua continuação.

Em psicanálise, a morte também é colocada, mas transcende o marco da morte biológica. Freud usa uma metáfora biologizante para colocar os descobrimentos que faz no campo da linguagem — fala em pulsão de vida e de morte (*Eros* e *Thanatos*). Mas o sujeito não é o indivíduo. Este, como categoria biológica, surge de um desenvolvimento natural, pré-ordenado e pré-inscrito. O sujeito é uma categoria psicanalítica, é atravessado pelo significante e correlato do Outro. A vida não é natural, mas uma imposição surgida no campo do Outro, um acontecimento originado na ordem simbólica que se apodera do real de um organismo e traça os caminhos próprios do princípio do prazer, princípio que está submetido ao mais além do princípio de prazer — a Pulsão de Morte (Freud, 1920).

Lacan ressalta a afinidade que existe entre os enigmas da sexualidade e o jogo significante, que supõe diferença, oposição e combinatória. Enquanto os animais se dividem e se opõem entre ser macho e fêmea, para então se combinarem, na sociedade humana, a dos seres falantes, as trocas se dão a nível significante. A ordem do sexo não se confunde com a ordem do sexual, pois esta é constituída como sistema de significação e gozo, e depende da fala e da alteridade. A sexuação, como atributo humano fundamental, depende da abertura para a dimensão do Outro — a palavra, o Desejo do Outro. *"Não há possibilidade de se pensar o sujeito como uma mônada isolada e fechada sobre si mesma e que apenas posteriormente se abre para o horizonte do mundo"* (Birman, 1993, 75).

Para que haja sexualidade, a pulsionalidade precisa ser ligada a um sistema de representações, isto é, se submeter à combinatória significante — à ordem simbólica. A ordem simbólica constitui, atravessa e pré-existe aos sujeitos que a suportam. O sujeito é trazido à vida pela palavra e é consagrado à morte pelo "automatismo de repetição", que é a lei da pulsão. Em cada momento em que fala, ele vive sua morte, seu apagamento, pois aí é substituído por essa palavra (significante) que articula. *Thanatos*, a Pulsão de Morte enquanto correlata da Ordem simbólica, é uma dimensão essencial para a abordagem da vida, pois a vida é fragmentada, trabalhada pela linguagem. A vida, como rodeio em direção à morte, supõe passar por uma alienação no Outro, em seu discurso, seu desejo. É desde essa morte que a linguagem traz o ser e que se podem abarcar os fatos da ordem vital — a sexualidade.

Nos *Escritos*, Lacan sintetiza o essencial da discussão sobre a oposição pulsão x instinto: *"A pulsão, tal como é constituída por Freud, a partir da experiência do inconsciente, proíbe ao pensamento psicologizante esse recurso ao instinto no qual mascara sua ignorância pela suposição de uma moral na natureza"* (1978, 387). O *Trieb* tem um emprego específico e é um dado radical na experiência psicanalítica, algo que tem caráter irreprimível, que aparece também como dado último, algo como a manifestação de inércia na vida orgânica.

A pulsão, diz Lacan, é um conceito fundamental (*Grundbegriff*), um conceito que só se mantém porque traça *"sua vida no real, que ele trata de demarcar"* (1979, 155). Não é uma definição ou modelo, é uma ficção no sentido benthamiano, isto é, uma invenção, uma construção simbólica que dá conta de uma realidade — emergência do corpo e da sexualidade humana. Essas elaborações simbólicas (as ficções) são ordenadoras do real, já que permitem falar do existente sem designá-lo. A pulsão é então uma ficção indispensável para organizar a realidade de um destino do ser falante, é o que funda uma práxis pois marca uma verdade.

A pulsão como construção é uma montagem de quatro termos: pressão (*Drang*), fonte (*Quelle*), objeto (*Objekt*) e alvo (*Ziel*), que Lacan trata de demonstrar não ser nada natural.

"A pulsão não é o impulso. O *Trieb* não é o *Drang*", coloca Lacan na página 155 do *Seminário XI*. Traduz *Drang* por impulso e o identifica a uma pura e simples tendência à descarga, o que corresponde à quantidade Qn do "Projeto". *"O termo de que Freud se serve nesse nível,* Reiz, *excitação. (...) é um* Reiz *interno"* (1979, 156). O que significa isso?

A pulsão é pensada por Freud como tendência à descarga. A pressão para a descarga não é a descarga. A pressão será exercida no nível de uma excitação, por um estímulo que não é exterior. Esse *Trieb* também não pode ser pensado no modelo da pressão de uma necessidade (interna), como a fome ou a sede. Questiona Lacan: *"...para examinar o que é do* Trieb, *refere-se Freud a algo, cuja instância se exerce no nível do organismo em sua totalidade?"* (1979, 156).

Não se pode assimilar o *Drang* a uma necessidade, a uma exigência vital. A necessidade afeta a totalidade do organismo, enquanto a pulsão se refere ao campo freudiano — ao *Ich* (Isso) e ao *Real-Ich* (Eu real). A pulsão refere-se, portanto, ao aparato psíquico e este é concebido como suportado pelo sistema nervoso.

Então a pressão se define por ser força-constante (*Konstante-Kraft*). Se a força é constante, não se pode tratar de energia cinética que, passando de um certo umbral, se resolve em movimentos; a descarga em causa está num plano completamente diferente da pulsão biológica, a qual sempre tem um ritmo. A pulsão *"não tem dia, nem noite, não tem primavera, nem outono, ... não tem subida, nem descida"* — é a frase de Freud que Lacan cita para explicitar que a pressão não segue leis termodinâmicas, é comandada por uma irrefreável compulsão à repetição, e é eterna.

O alvo ou fim da pulsão é a satisfação (*Befriedigung*). Lacan aponta que o uso da função da pulsão põe em questão o que é da satisfação. Mesmo os sintomas dos quais os pacientes se queixam implicam numa satisfação. Contudo, essa satisfação não pode ser entendida como referência ao plano biológico: algo sai em busca do objeto e, quando o alcança, se satisfaz. Pode haver satisfação mesmo quando a pulsão está inibida quanto ao fim. É o caso da sublimação, que é uma satisfação sem recalque, onde o suposto objeto buscado é substituído. Enfim, a satisfação implica em descarga, mas não na cópula com o objeto.

"O uso da função da pulsão não tem para nós outro valor senão o de pôr em questão o que é da satisfação", coloca Lacan. A satisfação é paradoxal, pois o caminho do sujeito em relação a ela *"passa entre duas muralhas do impossível"* (1979, 158). O impossível, diz Lacan, é o real.

Para atingir a satisfação, a pulsão faz um percurso que passa pelo real. O real aparece como obstáculo ao princípio de prazer. *"O real é o choque, é o fato de que isso não se arranja imediatamente, como quer a mão que se estende para os objetos exteriores"* (1979, 159). O real se distingue do princípio de prazer por implicar em desprazer, por sua dessexualização e porque sua economia admite algo de novo que é o impossível. A idéia de que a função do princípio de prazer é de se satisfazer pela alucinação aponta esse impossível. A alucinação, como busca e encontro do objeto que daria a satisfação plena, revela que o objeto encontrado é o objeto demandado. Não é o objeto perdido que a alucinação pode recuperar na *Traumdeutung*. Freud postulou o objeto como irremediavelmente perdido, como fundamento da repetição. O paradoxo, do qual fala Lacan, é que a pulsão busca a satisfação, e o que ela encontra é a insatisfação. A pulsão, por definição, é uma exigência de trabalho constante, não pode conhecer o apaziguamento definitivo. Para o sujeito, a satisfação plena é um ideal, um mito só realizável na morte. A pulsão exige e encontra objetos que a derivam e a deslocam e que produzem prazeres.

A pulsão aponta para um impossível: o encontro do objeto perdido, a *Ding* freudiana, o objeto real lacaniano. O impossível é a definição que Lacan dá ao real. Ao buscar a satisfação, encontra-se a insatisfação, ao buscar o prazer, encontra-se o mais além do prazer, a Pulsão de Morte — paradoxo que aponta a psicanálise como a ciência da impossibilidade, a qual Safouan (1982) redefiniu como ciência do fracasso do princípio do prazer.

"As pulsões são nossos mitos, disse Freud. (...) É o real o que mitificam, segundo o que é ordinário nos mitos: aqui, o que faz o desejo, reproduzindo nisso a relação do sujeito com o objeto perdido" (Lacan, 1978, 389). *"A pulsão busca a satisfação, apreendendo seu objeto, mas, quando o faz, apreende de algum modo que não é justamente por aí que ela se satisfaz"* (Lacan, 1979, 159). Neste paradoxo, a pulsão é definida via satisfação mas é correlata à insatisfação, traz o real para a psicanálise, com o que não se captura — o impossível — e problematiza-se a natureza desse objeto.

O objeto da exigência pulsional não é o objeto da necessidade *"porque nenhum objeto de nenhum* Not, *necessidade, pode satisfazer a pulsão" (...) essa boca que se abre no registro da pulsão não é pelo alimento que ela satisfaz, é, como se diz, pelo prazer da boca"* (Lacan, 1979, 159). Freud coloca que o objeto é indiferente, isto é, não tem importância.

A pulsão oral, diz ele, *"não faz coisa alguma senão encomendar o menu"*. O objeto da pulsão oral não é o objeto da necessidade, o leite, nem a lembrança do alimento nem o cuidado da mãe; é o seio. Se Freud faz a observação de que o objeto da pulsão não tem importância, é *"porque o seio deve ser revisado por inteiro quanto a sua função de objeto"*. Lacan introduz aqui sua noção de objeto *a*, objeto como causa do desejo. O lugar do objeto da pulsão na satisfação da pulsão, diz ele, *"a pulsão o contorna. Contorna, devendo ser tomado aqui com a ambigüidade que lhe dá a língua portuguesa, ao mesmo tempo* turn, *borda em torno da qual se dá a volta, e* trick, *volta de uma escamoteação"* (Lacan, 1979, 160). Ou seja, a pulsão dá uma volta, e retorna à fonte ou zona erógena.

A fonte ou zona erógena deve ser reconhecida pela sua estrutura de borda e não como um trato. *"Por que se fala da boca, e não do esôfago ou do estômago? Eles também participam da função oral"* (1979, 160). No nível erógeno, diz Lacan, a fonte ou zona é o lugar de intercâmbios, de troca com o mundo, com o exterior. É o lugar do prazer de órgão que funciona como bordas ou orifícios, limites irredutíveis da pulsão. A zona erógena como o lugar de intercâmbio é lugar privilegiado por onde a demanda se satisfaz, pois a vida se situa na interseção de demandas — alimentar, ser alimentado, olhar, ser olhado, dar e receber. A zona erógena é delimitada pelo isolamento do impulso da função, por isso o corte é favorecido "*pelo traço anatômico de uma margem ou borda: os lábios, o recinto dos dentes, a margem do ânus, o sulco peniano, vagina, fenda, pálpebra e mesmo a orelha (...) A erogeneidade respiratória está mal estudada, mas é evidentemente pelo espasmo que ela entra em jogo"* (Lacan, 1978, 329).

"O ato de devoração interessa a outros orgãos além da boca — perguntem ao cão de Pavlov", diz Lacan (1978, 329) para destacar que a pulsão se separa da função biológica e é mesmo outra coisa.

A pulsão se satisfaz então fazendo um *tour*, uma ida e uma volta à fonte, que é o que situa Freud, ao dizer que a pulsão é auto-erótica, que se arranja muito bem sem objeto, porque ela se satisfaz retornando à zona erógena da qual parte. É essa disjunção entre fonte e satisfação que Lacan ressalta quando situa a pulsão como trajeto de ida e volta.

Os quatro elementos da pulsão se apresentam como disjuntos. Cada um é separado do outro, o que implica muitas combinações entre eles. Como então se juntam? Lacan diz: "... *se há algo com que se parece a pulsão, é com uma montagem"*. Uma montagem que não tem pé nem cabeça, não tem seqüência ou ordem, tal como uma colagem surrealista. A pulsão, como estrutura acéfala, assubjetiva e parcial (é um fragmento), é algo que configura um quebra-cabeças. O que se explicita com a idéia é que esses elementos heterogêneos e descontínuos, quando se colocam no plano de uma combinatória, não apresentam uma imagem que tenha sentido. De uma pulsão pode participar, por exemplo, uma mão, um nariz, um olho, uma boca, o umbigo ao lado de um trapo, uma bomba respiratória, um sapato, um aparelho de TV, um par de óculos, um sapato, de forma que se fôssemos reproduzir a pulsão graficamente teríamos uma colagem surrealista, já que a pulsão se alimenta de olhares, cheiros, aplausos, palavras, golpes, ritmos, silêncios. Ela ainda se refere mais ao convite para comer, por exemplo, do que à comida.

"A fonte inscreve na economia da pulsão a estrutura de borda. A estrutura de borda define uma hiância, uma abertura". Lacan reduz zona à função de borda. "*A pulsão é precisamente essa montagem pela qual a sexualidade participa da vida psíquica, de uma maneira que se deve conformar com a estrutura de hiância que é a do inconsciente*" (Lacan, 1979, 167).

Estas colocações são cheias de implicações clínicas, pois a presença da fonte, de uma zona, não basta para constituir sua erogeneidade. A criança autista cujos lábios deixam escorrer a saliva, os esfíncteres, a urina, a fenda palpebral que não se movimenta na presença de uma pessoa ilustram a presença de uma zona não-sexualizada, uma região do corpo que não foi erogenizada, que não faz borda. A borda supõe pulsação, movimento de abertura e fechamento, supõe o funcionamento do princípio do prazer. A zona erógena, diz Lacan, é a zona interessada na economia do desejo.

Na pulsão oral, o que se busca não é o prazer do alimento, mas o prazer da boca. Prazer da boca supõe a boca sexualizada em borda. A sexualização do corpo não é um dado natural nos humanos, supõe um desejo. A potência do desejo só se coloca por e através da palavra (significante). O que Freud coloca como sedução paterna nada mais é que a intrusão de um desejo, a intrusão do Outro. O desejo é o que transforma um corpo biológico (carne) em corpo erógeno. O recém-nascido não deseja nada, a morte é o seu destino, o desemparo da criança impede-a de sobreviver. Ela sobrevive pela mediação de um desejo — o Desejo do Outro — que lhe chega sob a forma de um oferecimento, de um dom que pode satisfazer suas necessidades.

A mãe, ao cuidar do seu bebê, expressa suas demandas, oferece os dons significantes de seu amor. Quer-se dizer com isso que, quando alimenta, olha, toca e beija seu bebê, ela o faz sob o pano de fundo da linguagem. A mãe, ou seja, a função materna não é um corpo humano, é um ser desejante. Spitz (9) comprova bem a diferença entre um corpo que atua com a eficiência de um robô e a função materna. Cuidados materiais não respondem pela existência de um ser falante.

A mãe, como grande Outro primordial, é a função que instala a pulsão, pois as pulsões, à diferença dos instintos, estão instaladas numa cadeia discursiva. A mãe, mesmo no silêncio, fala. Ela pede que a criança aceite o que ela lhe dá. Ela dá o peito e diz sem dizer: "Sugue-me até você se saciar". Ao grito do recém-nascido, a mãe oferece um significante de uma demanda: engula-me, olhe-me, morda-me. Com o oferecimento, ela cria a demanda. Esse é o preço a pagar, a exigência de que o dom seja aceito. Ao aceitar o dom, o bebê se coloca no lugar do Desejo do Outro, sobrevive porque ele o deseja.

A satisfação e a sobrevivência dependem de um desejo alheio que pode não existir. O que existe primeiro para Lacan não é nem o instinto nem a necessidade, é o desejo — Desejo do Outro — que, ancorado numa ordem simbólica, auxilia o imaturo recém-nascido. Nessa idéia, vêem-se vestígios da noção do próximo, do semelhante auxiliador de Freud (o *Nebenmensch)* e da noção de apoio. Ao articular a primeira com a segunda tópica, Lacan recoloca o conceito de apoio postulando que o que é fundamental não é o instinto, mas o desejo — o Desejo do Outro —, que dá ao imaturo recém-nascido a garantia de sobrevivência. O próximo auxiliador nada mais é do que a mãe como Outro primordial e como ser desejante, porque é desde o lugar do Outro que o sujeito é desejante. Ou seja, uma mulher precisa estar submetida à lei da castração que a impede de reintegrar o seu produto. Aí se põe a demandar e com isso passa seu desejo (o desejo se encontra sempre sob a cadeia, sendo a cadeia a própria enunciação da demanda). Ela põe barreiras a essa demanda, posterga-a, reprime e a substitui por outra, e assim instaura a pulsão, permitindo que o corpo do filho seja tomado pelo desejo. A sua castração é condição *sine qua non* para a instalação desse "pedaço de carne" numa história desejante.

O Desejo do Outro é veiculado pela demanda e organiza as pulsões que, estruturadas como linguagem, se apoderam do corpo. Dizer que as pulsões estão estruturadas como linguagem implica em dizer que a pulsão é uma palavra (um significante) no corpo, significante que nada significa, mas que será fonte de todas as significações. Implica em dizer que se darão condensações metafóricas (onde uma pulsão é substituída por outra) e deslizamentos metonímicos (no fim e no objeto da pulsão). Para Lacan, há uma afinidade entre a pulsão e o simbólico, a pulsão sendo o modo como se presentifica a autonomia do simbólico no homem, que, ao apoderar-se da matéria viva, orienta a busca do ser.

A sexualidade humana surge no campo do Outro e desde aí invade o organismo. A pulsão representa e metaforiza a intrusão do sexual. A pulsão como exigência de trabalho indica que há que realizar algo para que o desejo seja reconhecido no Outro. Lacan vai manter o termo pulsão unicamente para as pulsões sexuais parciais, e tudo o que concerne à conservação do indivíduo — as pulsões do eu —, todo o registro da necessidade fica fora do campo pulsional. A pulsão passa a ser, então, não mais um conceito de articulação entre o biológico e o psíquico, mas um conceito que articula o significante e o corpo, este não como organismo mas como uma construção derivada de um desejo. A integração da sexualidade à dialética do desejo passa pelo jogo do que Lacan designa como aparelho.

"Assim, a inscrição da pulsão no inconsciente — no campo do outro —, a origem da pulsão no aparelho psíquico depende do que Freud chamou recalque, pois a sexualidade representada pelas pulsões parciais é fruto de uma operação de inscrição. Freud distingue nesse processo o recalque originário de um recalque posterior ou secundário. No primeiro haveria uma fixação e a inscrição do representante da pulsão — a Vorstellung-repräsentanz *—, ou seja, a ligação da pulsão ao representante da representação. Mas isto não significa articulação no inconsciente, há necessidade de uma retranscrição segundo os modos de articulação desse sistema"* (Garcia-Roza, 1995, 190). Lacan difere de Freud, pois não aceita a idéia de primeiro momento da pulsão anterior à sua ligação com os representantes representativos, pois a pulsão aparece vinculada à demanda, ou seja, articulada no seio de um encadeamento significante.

"O recalcamento primordial é um significante, o que se edifica por cima para constituir o sintoma, podemos considerá-lo como um andaime de significantes" (Lacan, 1979, 167). O autor situa o recalque original como o momento onde a sexualidade é representada pelo significante. O prazer não é um estado ou sentimento, mas uma articulação a uma cadeia significante, que tem por função a homeostase da descarga pela palavra. Lacan situa a pulsão e a sexualidade em relação não só ao significante, mas ao desejo, pois, se a cadeia com a qual o princípio de prazer se articula não fosse discreta, haveria satisfação plena, poderia significar-se o objeto demandado, já que se produziriam unidades de significação sem perda. A pulsão como força-constante não entra no princípio do prazer, mas encontra uma das formas de satisfação na descarga do princípio do prazer. Lacan nomeia-a como gozo insuficiente da palavra.

A sexualidade aparece no intervalo entre o significante e o desejo: *"se a sexualidade, em forma de pulsões parciais, não tivesse se manifestado como dominando toda a economia desse intervalo, nossa experiência se reduziria a uma mântica, à qual o termo energia poderia então convir, mas onde faltaria o que constitui ali a presença, o* Dasein, *da sexualidade."* (Lacan, 1979, 167).

A sexualidade que se impõe bem cedo à criança, conforme a descrição nos "Três ensaios", para Lacan remete *"àquilo que, da sexualidade passa para as redes de constituição subjetiva, para as redes do significante — que a sexualidade só se realiza pela operação das pulsões parciais, parciais em relação à finalidade biológica da sexualidade."* (1979, 167).

A pulsão parcial não é a sexualidade reprodutora, ela representa a sexualidade parcialmente, já que não abarca a totalidade da tendência sexual. A pulsão parcial representa, *"mas apenas representa, e parcialmente, a curva de termina-*

ção da sexualidade no ser vivo." (1979, 168). Sendo o último termo a morte, a presença do sexo fica ligada, no aparelho, à morte.

Lacan concebe a pulsão como um arco, utiliza a fórmula de Heráclito para ilustrar a pulsão como o que presentifica a sexualidade e ao mesmo tempo a morte: *"... ao arco é dado o nome da vida - Bios, ... — e sua obra, é a morte"* (1979, 168). A pulsão tem seu lugar na economia psíquica por uma dialética do arco e da flecha. O orifício, a borda é o suporte de onde se lança uma exigência — a pressão —, que contorna o objeto da pulsão e retorna ao ponto de partida. A flecha que sai da borda retorna como se fosse um bumerangue, rodeia o Outro e volta ao ponto de partida (sua meta), onde se dá o encontro prazeroso (o prazer é do órgão), não antes de se defrontar com o espectro do gozo, da morte — é a imagem freudiana dos lábios que se beijam a si mesmos.

"A pulsão parcial é fundamentalmente Pulsão de Morte", diz Lacan (1979, 195). A pulsão é a maneira com que este arco, que é a vida no caminho da morte, se inscreve no corpo. É um corte que inscreve uma marca registrada psiquicamente que faz do corpo um monte de fragmentos como um caleidoscópio, do que, dependendo da posição do olho, pode-se apreender uma unidade — a imagem especular.

Em síntese, há uma afinidade essencial de toda pulsão com a zona de morte. Lacan concilia, assim, as duas faces da pulsão, *"que, ao mesmo tempo, presentifica a sexualidade no inconsciente e representa, em sua essência, a morte"* (1979, 188). Ele recusa o dualismo da primeira tópica (pulsões do eu x pulsões sexuais), considera pulsões somente as sexuais parciais (as pulsões do eu, pertencendo ao registro da necessidade, ficam fora do campo pulsional). Recusa também o dualismo da segunda tópica (Pulsão de Vida x Pulsão de Morte) — *Eros* e *Thanatos* são apenas dois aspectos constituídos de toda pulsão, pois toda pulsão, na medida em que se refere ao ser enquanto sexuado, implica em que esse ser seja submetido à morte. Não há inscrição da morte no psiquismo, o que se representa como morte no psiquismo é a castração — um corte simbólico em que se separa um órgão. As pulsões parciais sexuais, ao se articularem no nível das significações inconscientes, fazem surgir a morte, mas esta como significante, já que em psicanáilise não se pode admitir a existência de um ser para a morte. Lacan rejeita o dualismo da primeira e da segunda tópica, mas não a idéia de um conflito no seio do aparelho psíquico. Ele coloca as pulsões do eu — as pulsões do registro da sobrevivência do lado do amor, o campo narcísico de Freud — na oposição, jogando então entre o campo pulsional e o campo narcísico do amor.

A satisfação da pulsão é a realização de um trajeto em forma de circuito que se fecha em seu ponto de partida. O circuito pulsional, esse vaivém em que a pulsão se estrutura, é apresentado por Freud como um jogo de linguagem. No jogo pulsional, as permutações aparecem gramaticalizadas: ao designar os pólos da pulsão e sua reversão, Freud usa o verbo na voz ativa e passiva — ver / ser visto, atormentar / ser atormentado.

Tanto Freud como Lacan recorrem à perversão, que coloca a nu o mecanismo da pulsão, o qual na neurose precisa ser decifrado para ser apreendido, para evidenciar uma gramática pulsional e um circuito. Através da análise, do sadomasoquismo e da *Schautrieb* (a pulsão escópica) no *voyeur* e no exibicionista, Freud depreende três tempos da pulsão e a dicotomia sujeito-objeto. Lacan ressalta que, quando Freud estuda a perversão, ele estabelece as condições gerais de todo enlaçamento pulsional — as condições de satisfação pulsional.

No texto "Os instintos e suas vicissitudes", a análise da pulsão escópica evidencia a satisfação da pulsão — a *Schaulust* —, o gosto da vista, a alegria de ver, o prazer de olhar, o gozo do olhar. Os três tempos do verbo na voz ativa, reflexiva e passiva, ver / ver-se / ser visto, e o objeto representado pelo órgão sexual separado do sujeito que olha são os elementos que compõem a estrutura da perversão : 1) o sujeito olha seu próprio órgão sexual (ver-se); 2) o sujeito olha um órgão sexual (vê); 3) um órgão sexual é olhado por uma pessoa (é visto). No masoquismo ter-se-iam três tempos: bater / bater-se / ser batido.

Os três tempos, ativo (ver / bater), reflexivo (ver-se / bater-se) e passivo (ser visto / ser batido), estão presentes na força constante da pulsão, seja ela qual for. Freud, no artigo de 1915, diz que todas essas fases, tanto a preliminar auto-erótica como a fase ativa ou passiva final, coexistem lado a lado, quando se analisa o mecanismo de satisfação da pulsão. Lacan muda o "ser olhado" e "ser batido" por um "se fazer olhar" e "se fazer bater", destacando o caráter ativo da pulsão.

"Quando ele (Freud) fala dessas duas pulsões (Schaulust *e sadomasoquismo*) *e mais especialmente do masoquismo, ele se aterá a marcar que não há dois tempos nessas pulsões, mas três. É preciso distinguir a volta em circuito de uma pulsão do que aparece — mas também por não aparecer — num terceiro tempo. Isto é, o aparecimento do* eins neues Subjekt *(um novo sujeito) que é preciso entender assim — não que ali já houvesse um, a saber, o objeto da pulsão, mas que é novo ver aparecer do sujeito. Esse sujeito, que é propriamente o outro, aparece no momento em que a pulsão pode fechar seu curso circular. É somente com sua aparição ao nível do outro que pode ser realizado o que é da função da pulsão"* (Lacan, sem. XI, 169).

Freud coloca que no terceiro tempo — ser olhado / se fazer olhar — aparece um novo sujeito, e Lacan interpreta que antes do enlaçamento pulsional não havia nenhum sujeito. O sujeito aparece no momento em que a pulsão fecha seu circuito, e só com essa aparição pode realizar-se o que é próprio da pulsão: retornar à própria fonte. Lacan, nesse momento, está muito próximo de Freud.

Esse sujeito, que surge no momento do enlaçamento pulsional, é derivado do circuito da pulsão, do seu caráter de afivelamento. Essa função de fechamento — a ida e volta da pulsão — situa três tempos: o primeiro, ativo, indo em direção a um objeto externo; o segundo, reflexivo, que toma como objeto uma parte do próprio corpo; e o terceiro, o passivo, que tem caráter ativo, onde a própria pessoa se faz ela mesma o objeto de um outro. Na releitura lacaniana, esse terceiro tempo onde a própria pessoa se faz ela mesma o objeto de um outro, isto é, onde o *Ich* (eu) virá sujeitar-se a se fazer o objeto, é o momento do objeto do sujeito — um sujeito da pulsão. Antes do seu enlaçamento, a pulsão *"se manifesta sob o modo de um sujeito acéfalo"* (Lacan, 1979, 171).

Sugar, sugar-se, ser sugado. Ver, ver-se, ser visto. Cagar, cagar-se, ser cagado. Ouvir, ouvir-se, ser ouvido. Todos são verbos que marcam os movimentos das pulsões oral, visual, anal e vocal, nos tempos ativo, reflexivo e passivo. O fecho da pulsão no terceiro tempo — ser sugado, ser cagado, ser visto, ser ouvido —, onde a própria pessoa se faz ela mesma objeto de um outro, é o tempo da inscrição da pulsão sexual em relação a um objeto. Esse tempo é o de subjetivação do objeto, onde o sujeito se toma por termo terminal da pulsão. Lacan nomeia-o como o tempo de "se fazer ser" — se fazer sugar, se fazer ver, se fazer cagar, se fazer ouvir, ao invés de ser sugado, ser visto, ser cagado, ser ouvido —, o que, além de enfatizar o caráter ativo, revela a vocação da pulsão para fazer *ser*. Lacan acabará por resumir a atividade pulsional por esse "fazer ser", já que a essência da pulsão é o *"traçado do ato"* (1979, 161).

A pressão, a tensão é sempre um fecho que *"não pode ser dissolidarizada de seu retorno sobre a zona erógena"* (Lacan, 1979, 169), e a satisfação pode ser atingida sem atingir seu alvo. Lacan situa a montagem pulsional como um paradoxo: o objeto não é objeto, a borda — a zona onde termina o circuito — não está implicada na satisfação, a pressão não se descarrega e a satisfação não se cumpre no objeto. A pulsão como força constante não entra no princípio do prazer, mas encontra uma forma de se satisfazer na descarga do princípio do prazer — o gozo do blá-blá-blá, gozo insuficiente da palavra, gozo descrito no *Encore*.

O mistério do *Zielgehemmt* — o fato de que a pulsão atinge a satisfação sem atingir o alvo —, Lacan o esclarece recorrendo às palavras inglesas *aim* e *goal*, ambas designando alvo, mas com sentidos diferentes. *Aim*, o trajeto, evidencia não o objeto a ser buscado, mas "por que caminhos" se busca o objeto. *Goal*, a meta, acentua no exemplo do arqueiro não o objeto, mas o acertar o tiro, retornar à fonte, o retorno em circuito. A pulsão pode ser considerada como uma caçada cujo fim não é alcançar a presa, mas persegui-la, sendo a satisfação a realização da própria caçada. Em outros termos, a pulsão se satisfaz pelo contorno que faz em volta de seu objeto, a presa, pelo seu trajeto e não pela apreensão do objeto. O objeto nunca alcançado serve de ardil. E o que Freud destaca na *Zielgehemmt*, a pulsão inibida em sua meta, é que a caça, como mais desejável do que o objeto, aponta para um destino pulsional que consiste em obter algo diferente de um fim completo e não inibido, de uma derivação, um mais além que implica em substituições, uma idéia de objeto que é mais desejável que o objeto mesmo. Essa inibição do fim, esse não-cumprimento pela posse, essa ascese é a essência mesma da pulsão, o traçado do ato. No exemplo do arqueiro, o fim é acertar o tiro e não a ave.

O auto-erotismo, momento mítico da constituição do sujeito, momento em que as pulsões parciais se constituem segundo Lacan, é apresentado por Freud através da pulsão oral, cujo ideal é o da boca que se beijaria a si mesma. Nessa metáfora luminosa de Freud, na pulsão, diz Lacan, a boca é uma boca flechada, uma boca cosida, *"a pulsão oral fechando-se em sua satisfação"* (1979, 170). Na metáfora freudiana, o que se encarna é a estrutura fundamental — *"algo que sai de uma borda, que reduplica sua estrutura fechada, segundo um trajeto que faz retorno e de que nada mais assegura a consciência senão o objeto, a título de algo que deve ser contornado"* (1979, 171).

A emergência do sujeito se dá quando ele se toma por termo terminal da pulsão, quando, no fecho acabado da pulsão, entrou em jogo a ação do Outro. *"O caminho da pulsão é a única forma de transgressão que se permite o sujeito em relação ao princípio do prazer. O sujeito se aperceberá de que seu desejo é apenas vão contorno da pesca, do fisgamento, do gozo do Outro — tanto que, o Outro intervindo, ele se aperceberá de que há um gozo mais além do princípio do prazer".*

3 - A PULSÃO E O OBJETO

É com o objeto da pulsão sexual que se depreende a noção propriamente psicanalítica do objeto. Freud elabora uma teoria pulsional onde a sexualidade infantil, perversa e polimorfa, depende da estrutura da pulsão parcial e é inseparável da mesma. A pulsão parcial, devido a seu caráter parcial, apresenta-se como um auto-erotismo e como prazer de órgão vinculado à zona erógena.

A pulsão aponta e dispara e, no seu caminho, contorna um objeto, o objeto parcial, contingente e variável. Esse primeiro objeto sexual é auto-erótico, pois o prazer é obtido com parte do próprio corpo.

Lacan revisa o conceito de pulsão e recoloca o de objeto parcial, para ampliá-lo e transformá-lo no conceito de objeto *a*. O auto-erotismo, considerado o momento primeiro da sexualidade infantil, no qual o prazer de órgão se diferencia de um prazer da função, marca o ponto de disjunção do pulsional em relação ao instinto. Laplanche (1980) afirma ser o momento em que o ser humano teria perdido o instinto e, portanto, seu objeto natural. A perda do objeto natural lançaria então o ser humano numa errância pulsional, em busca de uma satisfação impossível. Lacan recusa essa ontogênese, pois a carência que aí se instala, ele a situa como estrutural, pelo fato de que a espécie humana se constitui como ser de linguagem. Não há objeto anterior à linguagem, é uma operação de linguagem que deixa um resto, ou seja, uma operação que estrutura a linguagem e deixa o objeto como excluído. Esse resto é o objeto, no que ele não é assimilável à cadeia significante. É na estrutura simbólica uma perda, o que não se pode inscrever, é um lugar vazio na cadeia significante. Essa abertura no campo do humano — a fenda na linguagem — se refere à falta de inscrição do objeto sexual, dissociado da ordem biológica da reprodução. Aquilo que está em aberto é a falta de inscrição do outro sexo, do par sexual. Como a libido, energia da pulsão sexual, é masculina, o outro sexo só pode ser o feminino. O animal dito humano carece de objeto sexual que o realizaria. O objeto como resto, produto da articulação significante, não é o nada, o puro nada, o não-ser em oposição ao ser — é a própria marca de ausência, o próprio ser do sujeito.

Enfim, pelo fato de que somos seres simbólicos e de que a estrutura significante é concebida como aberta é que nos seres falantes não é admissível falar em um ser natural, instintivo, que precede o ser pulsional. Mesmo na psicose, se o sujeito é concebido como fora do discurso, ele não está fora da linguagem, pois, mesmo num surto, o que ele apresenta é a linguagem e não animalidade. Se fenomenologicamente o que se observa é uma conduta regressiva, isto não significa instintualidade.

Laforgue, quando interno em um hospital psiquiátrico, se dirige a um velho esquizofrênico que mofava há dez anos em um canto, sempre de pé, protegido por um muro de mau cheiro, urina e excrementos. Considerava-se perda de tempo lidar com esse ser, reduzido a uma condição animal, incapaz de responder. O analista pergunta: *"Responda-me, quem é você?"*. O doente responde: *"Sou o cavalo de Nancy com a mulher em cima"* (Roudinesco, 1980, 294). Se o ser humano não é um bicho, mesmo na sua miséria e na sua maior loucura, isso ocorre porque ele é um ser de linguagem. Mesmo num ato que poderia ser considerado animalesco, como o canibalismo, não se trata de algo instintual, pois o ser falante não atua de forma sígnica, onde há uma relação fechada e imutável entre o significante e o significado. Se o canibal devora um semelhante, não o faz por sobrevivência; o semelhante não é o alimento a ser devorado, mas é um elemento portador de significação. No filme "O silêncio dos inocentes", o "canibal" devora aqueles que falham, e Jeffrey Dummer — o verdadeiro canibal dos anos 90 — devora partes dos corpos de meninos púberes: cabeça, fígado, órgão sexual, partes que ele diz representarem algo valioso do sujeito.

Ao situar a atividade-passividade da pulsão no nível gramatical — olhar / ser olhado — Lacan afirma que *"ela é suporte, artifício que Freud emprega para nos fazer sacar o vaivém do movimento pulsional"* (Lacan, 1979, 188): essa *"circularidade da pulsão, onde a heterogeneidade da ida e da volta mostra em seu intervalo uma hiância"* (Lacan, 1979, 183).

"Hiância, pulsação, uma alternância de sucção, para seguir certas indicações de Freud, eis do que nos devemos dar conta, e é ao que procedemos ao fundá-lo em uma topologia" (1978, 374).

O objeto *a* nasce do contorno que a pulsão faz, porque ao completar seu trajeto — o vaivém —, a pulsão faz um furo, um buraco, isto é, deixa um lugar vazio, uma hiância. Esse lugar deixado vazio é o lugar do objeto *a*. É a estrutura de hiância da borda que configura esse vazio, designado objeto *a*, lugar do vazio pulsional. A pulsão, como montagem organizada sobre a falta radical de um objeto, desvela um lugar, produto de uma exclusão; lugar-tenente de, lugar que será ocupado por objetos obturadores. Essa exclusão é o começo dos diferentes objetos *a* como objetos parciais.

Assim, Lacan parte do conceito de pulsão para ressituar a noção de objeto parcial no registro do simbólico. Considera o registro do imaginário como a pequena coisa separada de Freud, o simbólico como objeto pulsional, isto é, o lugar-tenente de objeto. Um lugar, não o simplesmente vazio, mas a marca da ausência. Leclaire (1977, 47) situa que o conceito de pequena coisa que pode ser separada foi elaborado por Freud como um conceito inconsciente, onde as fezes, a criança, o pênis são unidades resultantes da separação do corpo materno pela incidência da castração.

A castração como operação de separação, como um corte, que destaca uma parte do corpo — o conceito de coisinha (*das Kleine*) — serve como alavanca para Freud situar o objeto parcial. A definição e articulação do conceito de castração com o conceito de objeto parcial é apresentada ricamente, segundo Leclaire, no texto "O homem dos lobos", na alucinação do dedo cortado, e na *Traumdeutung*, nos sonhos com a cabeça cortada. *"Esta é uma primeira modalidade, ingênua, ou muito direta da representação da castração: o sexo é representado por uma parte do corpo e o corte e/ou a separação aparecem sem qualquer disfarce; ... o sexo separado aparece freqüentemente representado por um dente que cai, por uma orelha arrancada"* (1977, 41).

A parte do corpo separada ou separável pode deslocar-se e aparecer representada como um corpo, de preferência pequeno. O pequeno, a criança, e até uma peça do vestuário, como um chapéu ou um sapato, e um acessório como um guarda-chuva ou caneta podem representar o órgão genital — o sexo. As substituições são infinitas, e as representações também. A representação também pode recair na operação de corte ou separação e na própria perda, e não no objeto. Leclaire (1977, 41) situa a incisão cirúrgica, o despedaçar um objeto, a operação de montagem-desmontagem das torneiras de Hans, a perda de uma roda, a falta de uma palavra como exemplos dessas representações, onde a modalidade mais abstrata se representa na perda de um objeto precioso — representações estas da ordem do imaginário.

No conjunto da obra de Freud, a separação, a castração, aponta para uma clivagem, uma cisão, e para o recalque — pedra angular da teoria, concebido como barreira que separa o consciente do inconsciente. Do ponto de vista econômico, o recalque instaura uma separação dos campos onde se exerce uma atividade pulsional, separada em duas grandes correntes: a Pulsão de Vida e a Pulsão de Morte. A elaboração da Pulsão de Morte conduz Freud a situá-la como fundamento de repetição e, portanto, do aparelho psíquico. A Pulsão de Morte aparece como princípio do simbólico, ilustrado no jogo do *Fort-Da*, e as pulsões de Vida como o erótico, o sexual propriamente dito.

Para ressituar a clivagem no aparelho, Lacan articula a primeira com a segunda tópicas, o que lhe permite recolocar a castração como conceito estrutural da diferença. *"A fenda evoca mais precisamente uma operação de uma separação que aproveita uma clivagem já existente"* (Leclaire, 1977, 45). A estrutura do inconsciente — o Outro simbólico — se define como uma estrutura carente. Se no simbólico algo falta em seu lugar, é porque Freud concebe o aparelho psíquico como um aparelho de linguagem, constituído em torno da falta de um objeto — o objeto perdido. Este será o buraco central, buraco do recalcado originário, onde a perda simbolizada no lugar do Outro divide o sujeito — *Spaltung* fundamental: uma falta (o objeto real) e uma marca (o significante). O sujeito se constitui a partir dessa falta, de uma falta-a-ser, de uma impossibilidade de um objeto que dissesse o seu ser.

"O sujeito é um aparelho. Esse aparelho é algo lacunar, e é na lacuna que o sujeito instaura a função de um certo objeto, enquanto objeto perdido. É o estatuto do objeto a *enquanto presente na pulsão"* (Lacan, 1979, 175).

No Seminário XI constata-se uma abordagem estrutural, não estruturalista: o inconsciente é estruturado como linguagem, mas essa ordem simbólica concebida como estrutura não é fechada, é aberta. Lacan segue os passos de Freud, na *Traumdeutung*, onde o objeto absoluto falta. Essa ausência ou carência é que permite situar o inconsciente como resultado da perda do objeto da satisfação plena, isto é, a versão de uma experiência originária de um gozo primário perdido deixando uma marca que é um vazio. O inconsciente, nessa articulação que considera a Pulsão de Morte, é uma estrutura de gozo perdido, carencial, uma estrutura considerada real. Essa estrutura é a causa real que põe em movimento o aparelho, sendo o movimento o próprio desejo.

Lacan valoriza a lógica da castração e não o imaginário do complexo de castração, pois *"a situa como a que cria a carência com que se institui o desejo"* (Lacan, 1978, 389). É ela que responde pela inacessibilidade da satisfação plena e eterniza o desejo. Há *"uma falta real no imaginário desse animal, pelo qual ele já deixou de ser animal"* (Magno, 1979, 21). Essa falta, esse furo, lugar do objeto sexual que traria a satisfação plena, a Coisa freudiana, é originária porque sempre esteve lá. O encontro contingente com a perda, esse furo, necessita ser integrado a um modo estrutural, sem o que não se saberia dessa falta, já que na dimensão do real puro nada falta. É a ordem simbólica como correlata da Pulsão de Morte que inscreve na experiência humana a função da falta. O simbólico vem para tapar o furo, mas, como é uma estrutura aberta, furada, acaba por marcar o furo e não tapá-lo. O real é isso, o que não se pode tocar, o que é impossível, inapreensível, aquilo em que, ao se pegar, se encontra a paz, mas ao preço do encontro com a morte.

A pulsão se refecha sobre si, e não sobre o objeto. Se assim fosse, escoaria toda a sua carga tensional. É só no afivelamento que a pulsão institui a hiância, definida como a estrutura de borda. *"O objeto da pulsão é uma subjetivação acéfala, uma subjetivação sem sujeito, um osso, uma estrutura, um traçado que representa uma face da topologia"* (Lacan, 1979, 174).

O objeto pulsional é uma subjetivação acéfala porque, na pulsão, não há sujeito constituído, quando o movimento parte. Somente ao retornar sobre si mesmo, instaura-se um sujeito dotado de aparelho psíquico que se estrutura como linguagem. O ver, o sugar, o bater constituem uma potência energética dispersa, pura pulsionalidade, uma pura atividade. É o sadismo primário de que fala Freud, onde o sujeito não fala sua ação — só quando a recebe de volta, como resposta, ser olhado, ser sugado, ser batido. É porque ele subjetiva a ação, transformando-se no corpo que sente a dor, que é olhado, que é sugado. No seu masoquismo, ele se identifica e se ampara nesse significante, significante Mestre, diz Lacan, significante que diz o seu ser, se constitui, enfim, como sujeito.

Mas para que essa operação se efetue, é preciso que o outro, que a atividade da criança encontrou, seja não só objeto mas também sujeito, porque, se não houver uma alteridade, a atividade pulsional se esgota no objeto e não pode fazer a reversão para o próprio sujeito. A ação do sujeito no outro, ao voltar para ele se marca no psiquismo — a pulsão sádica se reverte em masoquista, o sujeito se converte em objeto —, processando-se nessa reversão a subjetivação da pulsão, mas somente se esse outro está assujeitado a uma ordem simbólica.

A pulsão liga-se à ordem significante mediante essa reversão da atividade em passividade, cujos efeitos são uma sujeição que implica a troca entre objeto e sujeito pela identificação. Se na atividade pura o sujeito bate, é só quando se manifesta o "é sendo batido" que o ser do sujeito se revela.

O psiquismo — aparelho representacional freudiano, o aparelho de linguagem lacaniano — oferece um amparo e apoio ao disperso pulsional. Esse ser desamparado, precoce e imaturo frente a esse fator anárquico, subversivo e traumático que é a pulsão, pode suprir seu desamparo ontológico através da identificação com o objeto. Nessa reversão onde se realiza a troca entre objeto e sujeito, mediante o mecanismo de identificação, pode subjetivar a pulsão.

A pulsão nasce no campo do Outro já que, na atividade pura, o sujeito não sabe que olha, que suga só porque está no nível da *Drang*. É só na reversão da atividade em passividade que se opera a sujeição à ordem simbólica, aí se está no nível do alvo e do objeto. Como a pulsão é uma montagem que supõe quatro elementos, só se realiza ao encontrá-los, revelando assim sua essência de ser um traçado em ato. Nessa ação, uma borda, uma hiância só é traçada porque encontrou um objeto-Outro que pilota e direciona o disperso pulsional (o ser despedaçado) ao lhe oferecer uma referência; o que passa para o sujeito acéfalo da pulsão será o que sobra do fracasso em atingir a satisfação plena através do objeto. Seu objeto sendo Outro, terá assim um caráter enigmático, inapreensível e inesgotável. Na teoria freudiana é o objeto do desejo postulado como primáriamente perdido que responde simbolicamente por essa característica. A direção para esse ser é dada quando uma representação — um significante — vem captar e inscrever a *Drang* num circuito, num trajeto, uma vez que o objeto apresentado à pulsão não se revelou o objeto da satisfação plena.

A pulsão só se presentifica com a condição de não se esgotar no objeto. O encontro com o objeto não pode ser encontro ou, melhor, tem de ser encontro falhado, porque a fixação da pulsão no psiquismo supõe a aderência a um objeto, mas esse objeto tem de ser de tal natureza que não esgote a pulsão. A natureza do objeto da pulsão tem de ter uma homologia com o vazio, com uma hiância. Os objetos do desejo freudianos, *das Ding*, que não se apresentam mas se marcam como um vazio, é que podem ser oferecidos como objeto da pulsão — objeto que carece de marca, pois indiferente.

É o desejo que fornece o objeto para a satisfação da pulsão. O objeto da pulsão — o real pulsional — só se configura como tal quando é recortado pelo desejo que opera no registro simbólico e imaginário. O objeto oferecido à pulsão pelo desejo deixa-a marcada pela impossibilidade de satisfação plena. Ao inscrever o objeto da pulsão, este será inscrito como objeto que satisfaz mas não plenamente, como objeto faltoso. Por isso, qualquer objeto que rememora o estatuto do objeto perdido tem o estatuto de objeto *a*. O desejo encontra nos limites do prazer a hiância. A carência do desejo refere-se ao que na estrutura é real, um resto de simbolização, um buraco.

"A pulsão mitifica o real — o desejo reproduzindo a relação do sujeito com o objeto perdido" (Lacan, 1979, 389). A pulsão, ao se refechar, revela sua estrutura de borda, uma hiância, um buraco que virá recobrir o buraco central do objeto perdido. A pulsão como mito oferece um objeto que virá fazer as vezes do objeto perdido, oferece um objeto para ocupar o seu lugar: o seio, as fezes, o olhar, a voz. A pulsão mitifica o real da perda do objeto porque a desloca para o campo do simbólico.

A pulsão se funda no campo do Outro, isto supõe que é desde o simbólico que um outro, de carne e osso, pode inscrever a pulsão. A sexualidade não se passa num organismo fechado que amadurece por etapas genético-desenvolvimentistas, mas num ser (psíquico) que enquanto tal é aberto em relação ao Outro, ou seja, utiliza a dimensão da linguagem, através da qual articula seu prazer. A pulsão inscreve o sexual no psíquico enquanto realidade do inconsciente por um ponto nodal — o desejo. O aparelho psíquico é concebido por Freud como algo representacional — é um aparelho de linguagem. A representação, o significante é a forma em que se inscreve no seio do aparelho o impulso suscitado por uma pulsão.

Freud designa como fixação o fato de uma pulsão pôr fim a sua modalidade pela fixação de sua energia em uma forma representacional. O momento em que ocorre essa fixação é designado recalque primário — que é quando um representante inconsciente (significante) capta e inscreve, enfim, traduz, a pulsão. No texto "O recalque", a pulsão se inscreve no inconsciente porque seu representante é recalcado, isto é, tem seu acesso à consciência negado. Nessa recusa de entrada do representante, estabelece-se uma fixação: *"o representante (significante) fica inalterado e a pulsão fica ligada a ele"* (1915, 171). Lacan associa a fixação à função de borda, em que uma zona é marcada por exclusão de todas as outras.

A pulsão, como a montagem pela qual o sexual participa da vida psíquica, tem de se conformar à estrutura de hiância do inconsciente. O inconsciente enquanto lugar do Outro, da Outra Cena, tem uma estrutura representacional que gira ao redor da falta do objeto, o objeto do Desejo. O entrelaçamento da sexualidade pulsional com a função de representação (a ordem significante) só pode se dar através do que essas duas ordens, a pulsional e a simbólica, têm em comum: a hiância. E tudo que entrar por essa hiância, para Lacan, é sexual. A pulsão só entra no psiquismo representando a sexualidade porque tem uma estrutura furada como a do inconsciente.

"A sexualidade infantil não é um bloco de gelo errante arrancado do grande banco da sexualidade do adulto, intervindo como sedução sobre um sujeito imaturo" (Lacan, 1979, 167). As pulsões parciais, enquanto representantes da sexualidade no psiquismo (no inconsciente), supõem a ordem simbólica (o Outro) que regula e ordena a anarquia das pulsões, isto é, os destinos da pulsão. Indicam a regulação da *Drang* pulsional pela ordem simbólica e a inscrição da pulsão no campo da representação (significante). Os quatro destinos — a inversão no seu contrário, o retorno sobre a sua própria pessoa, o recalque e a sublimação — revelam a gramática da montagem pulsional e o itinerário obrigatório de toda pulsão no seu processo de inscrição no universo de representação, o que permitiu a Lacan redefinir o destino da pulsão como o destino de ser linguagem.

A articulação entre pulsão e aparelho psíquico como conjunto representacional (significante) é feita pelo Outro, porque é desde o seu desejo que a mãe, como o Outro da primeira dependência, pode instalar a pulsão. O desejo é o desejo de desejo, já que o objeto absoluto falta, isto é, por ter estrutura carencial, o desejo conduz o ser desejante a uma perseguição impossível, e aponta para um real que lança o sujeito no universo da linguagem, onde se põe a demandar. *"O desejo situa-se na dependência da demanda — a qual, por se articular em significantes, deixa um resto metonímico"* (Lacan, 1979, 146). O desejo é um elemento intangível, impossível, insatisfeito.

A criança indefesa, pois precoce e imatura, submetida aos oferecimentos da mãe, aceita o que esta lhe dá. Só que, ao dar, a mãe pede: suga-me até me saciar. Ela oferece o seio para ser sugado, pedindo "quero que vivas". A oferta cria uma demanda. A relação, então, não é entre a mãe e o filho, mas entre o corpo da mãe e o corpo da criança, entre os dois há a linguagem e o desejo. Ela dá o peito e precisa de uma boca para sugar. Desde seu desejo, ao lançar demandas a seu filho, a mãe cria os buracos no seu corpo — buracos pulsionais. A pulsão pode, então, ser situada como o efeito de uma demanda do Outro, para que o sujeito demande. A mãe dá o peito para que seu bebê possa sugá-lo, realizando assim um imaginário da relação mãe-filho. Ao demandar "sugue-me", a mãe coloca a criança diante de um dizer que terá efeitos nas bordas do corpo: a pulsão será o eco, no corpo, de um dizer, será um significante. Ao deparar com esse dizer, a criança se defronta com a questão "o que ela quer de mim?", cuja resposta implica o real pulsional, o corpo em seus buracos — "ela quer minha boca para sugá-la". O acesso a esse dizer da mãe é que permite à criança o acesso a seu ser, ser um buraco pulsional, ser uma boca. Portanto, é através do Outro Simbólico que o ser do sujeito, o ser *um,* se revela pelo significante.

Ao se articular com o significante, a pulsão passa a operar no nível simbólico, o que implica num funcionamento em circuito no qual a pulsão não se refecha sobre o objeto. A partir daí, o circuito não cessa, e algo fica em suspenso, já que a plena satisfação não foi alcançada. A busca continuará através dos objetos de forma irreprimível. Essa insistência repetitiva — o retorno ao mesmo — liga a pulsão parcial à Pulsão de Morte, ao mais além do princípio do prazer.

"O princípio de prazer nos é efetivamente dado como tendo um modo de funcionamento que é justamente o de evitar o excesso, o prazer em demasia". Já a Pulsão de Morte é situada por Lacan como *"pulsão de destruição, uma vez que ela põe em causa tudo o que existe. Mas ela é igualmente vontade de criação a partir do nada, vontade de recomeçar"* (Lacan, 1988, 259-260). A pulsão parcial, em seu circuito, aponta uma satisfação que é paradoxal, porque, quando a pulsão apreende o objeto, compreende que não é por aí que ela se satisfaz. A pulsão busca o prazer, mas há uma diferença entre a satisfação obtida e a satisfação buscada, que é o que impele o sujeito. Em sua finalidade, a pulsão visa manter esta diferença, pelo que ela reaviva na sua busca a experiência

de uma satisfação primária, através da apropriação do objeto. Essa satisfação primária seria o excesso, o gozo perdido, gozo que o prazer limita. A pulsão sexual por um lado se liga ao prazer, a Eros, e por outro ao excesso, produto da articulação da pulsão parcial com a Pulsão de Morte. Lacan nomeia isto de gozo ou gozo pulsional. O drama do ser reside em inscrever esse excesso de pulsionalidade, o que ele fará tentando recuperar pela pulsão o gozo perdido. É o que Lacan chama de gozo pulsional.

O sujeito se constitui no Outro, e a pulsão nasce no Outro, são conceituações que indicam duas carências: a real, decorrente de o ser estar assujeitado à reprodução sexuada e, portanto, marcado pela morte, já que advir à vida pelo sexo implica perdê-la (ser mortal); e a simbólica originada da constituição do sujeito em sua relação com o Outro, carência esta determinada desde a ordem simbólica, que implica que não há nada significante que diga seu ser, uma vez que o sujeito vem a se constituir no lugar deixado vazio pelo objeto que se perdeu, revelando assim sua dependência do significante. É por essas hiâncias que a sexualidade faz sua entrada.

Como essas duas carências, o sujeito da pulsão e o sujeito do inconsciente se conjugam? Qual o suporte que permite aos dois buracos se recobrirem, e por aí passar a sexualidade? Inspirando-se em Freud, Lacan usa também um mito para dar conta desse real, os buracos. Lacan parte do mito Andrógino de Aristóteles, citado por Freud, e constrói um mito: o mito do ovo — da lamínula (Lacan, 1978, 381). No mito, esse ser primordial, esférico, completo, formado por uma parte feminina e uma masculina, é cortado por Zeus, de forma que fique condenada, cada uma das partes, a procurar o complemento — a metade sexual. Esta lamínula pode-se chamar também de Homelete, de modo que ao se quebrar o ovo — a divisão do Andrógino — se faz o Homem e também a Homelete. Lacan diz *"cada vez que se rompem as membranas, é uma parte do ovo que é ferida, pois as membranas são do ovo fecundado, filhas, do mesmo modo que vivente que vem à luz por sua perfuração"* (1978, 38).

Quando se corta a placenta do recém-nascido, como no ovo quando se rompem as membranas, algo escapa. Isto que escapa é o que o ser sexuado perde pela sexualidade que não é outra coisa senão sua imortalidade, algo volátil que escapa, algo como um fantasma. Esta Homelete, ultra achatada, indestrutível, imortal por ser cissípara, por ser guiada pelo puro instinto de vida, é a libido, para a qual Freud usou a imagem de uma ameba lançando seus pseudópodes, e Lacan, a imagem de um órgão.

A libido, energia da pulsão de vida é um órgão inapreensível, um órgão que não se pode mais que contornar. O que é subtraído ao ser pelo fato de ele ser sexuado é esse órgão de vida imortal e indestrutível. A libido deve então ser concebida como órgão, nos dois sentidos do termo, órgão-parte e órgão-instrumento. Ela é órgão-parte do organismo na medida em que vem se inserir em um dos orifícios do corpo, no buraco cuja borda é zona erógena e, ao mesmo tempo, como órgão-instrumento enquanto superfície rotacional que introduz o limite do ser do organismo, fazendo seu recorte.

Nesse conceito de libido de Lacan, se verifica uma descontinuidade com o conceito de Freud, onde a libido é um fator quantitativo, visa à satisfação, é móvel e psíquico, é energia de Eros, enquanto que Lacan, com a idéia de órgão-instrumento, amplia e modifica o conceito, pois enquanto Freud fala em energia, Lacan fala em uma superfície organizando o campo de forças.

Lacàn usa a teoria eletromagnética para explicitar a idéia da libido como fluxo que provém de uma superfície, porque uma vez que a libido-homelete saiu do ovo, sendo inútil lutar contra esse ser indestrutível, faz-se necessário alojá-la em algum lugar. A única forma seria aprisioná-la numa esfera (1978, 382). O teorema de Stokes situa a condição em que essa superfície se apóia sobre uma borda fechada (a esfera): o fluxo rotacional que vem da superfície é igual e constante ao da borda em que se apóia. Esse teorema permite então situar que as condições em que a superfície de movimento rotacional (a libido) se apóia sobre a borda fechada — a zona erógena — se referem a uma razão de constância, da urgência do impulso segundo Freud (1978, 382).

A libido, esse falso órgão, que precede o subjetivo, que condiciona por estar em contato direto com o real, é como superfície que ela ordena o campo de força, que a concepção de pulsão de Freud reconhece como estrutura de montagem. A libido enquanto superfície rotacional introduz o limite do ser do organismo, fazendo seu recorte. *"O sujeito falante tem esse privilégio de revelar o sentido mortífero desse órgão, e por aí, sua relação com a sexualidade. Isto porque o significante como tal fez, ao barrar o sujeito, ..., entrar nele o sentido da morte... É pelo que todo impulso é virtualmente impulso de Morte"* (Lacan, 1978, 314).

A libido, em Lacan, é um órgão irreal, ligado com o que falta, com o vazio, e um vácuo que na física moderna não é um nada, mas um campo de forças, um campo que contém potencialidades para todas as formas do mundo das partículas. A libido — redutível em Freud à força do desejo masculino — é uma invenção de Lacan para simbolizar o mais profundo objeto perdido, é uma objetivação quantitativa do desejo que permite dar conta daquilo que é movido por esse desejo. A libido é uma lamínula retrátil que como órgão vivente se expande, emite pseudópodes, se condensa e se derrama por uma extensão variável de território, isto é que veste, investe e reveste o mundo particular de um sujeito. *"A libido é essa lamínula que desliza o ser do organismo até seu verdadeiro limite, que vai mais além do corpo"* (1978, 384), que representa o órgão por oposição ao sujeito. Esse órgão do incorporal, no ser sexuado, diz Lacan, vem se colocar no tempo em que opera a separação do sujeito do campo do Outro. *"É por ele que de se sua morte, realmente, ele pode fazer o objeto do desejo do Outro"* (1978, 384).

É nesse lugar, onde algo foi subtraído do ser, que virão os representantes, os equivalentes, todas as formas que se podem enumerar de objeto *a*, objetos que são apenas representantes, figurações (Lacan, 1979, 186). E portanto, se *"as zonas erógenas estão ligadas ao inconsciente, porque é lá que se amarra a presença do vivo"*, é porque a libido é a lâmina que liga o inconsciente à pulsão: oral, anal, escópica e invocante (Lacan, 1979, 188).

CAPÍTULO V

A PULSÃO NA ESQUIZOFRENIA

Quando surge o auto-erotismo, vê-se o registro do pulsional revelar-se como ação de busca de um objeto que não é pré-estabelecido e se configura como enigma, isto porque o objeto, ao ser inscrito, tem estatuto de objeto *a*, um objeto real, inapreensível, cuja única materialidade consiste em ser o contorno de um vazio. Estes buracos da pulsão parcial — o real pulsional — se encontram organizados e escondidos por uma unificação comandada pela significação fálica que se dá na neurose. Nas psicoses, a ausência de significação fálica revela uma estrutura na qual se vê a desorganização pulsional e o real pulsional (os buracos). Lacan situa aí uma regressão na estrutura, regressão tópica ao auto-erotismo na esquizofrenia e regressão tópica à imagem especular na paranóia (1978, 228). A perda da realidade na psicose, decorrente do fracasso da inscrição do Falo, permite que o que venha como substituto sejam os buracos pulsionais, na esquizofrenia, uma articulação real e simbólica, e a imagem unificada real *i(a)*, na paranóia (onde predomina a articulação real e imaginário), que constitui o espelho (o Outro) como paranóico.

O auto-erotismo é o momento mítico da constituição do sujeito, no qual a intrusão do sexual metaforiza, operação que requer um Outro, onde o sujeito se aliena e se petrifica no significante que o representa. A pulsão parcial, como o que representa a sexualidade no psiquismo, constitui-se num movimento circular em que Lacan sublinha a função de fecho do seu próprio percurso — ida e volta. O circuito pulsional apresenta gramaticalidade para Freud, de onde se depreendem três tempos: as vozes ativa, reflexiva e passiva. É só no momento de afivelamento que se realiza o que é próprio da pulsão, *"voltar sobre a própria fonte"*, constituindo-se uma borda pelo fato de que o sujeito se faz objeto para a ação pulsional — ele é sendo o objeto. A inversão da posição do ser, tornado doravante um objeto, implica em uma subjetivação da pulsão, pelo fato de que o ser assume o estatuto de objeto na imanência da subjetividade

(Kristeva, 1987, 74). Esse trajeto pulsional suporta, portanto, a emergência de um novo sujeito.

Freud situa uma reversão do tempo ativo para passivo na ação pulsional: olhar / ser olhado, torturar / ser torturado. Na análise da pulsão sadomasoquista feita por Freud, em que *"a dor de modo algum entra"*, Lacan enfatiza que *"o asceta que se flagela, o faz por um terceiro"*. O que se trata de apreender aí no retorno é a *"inserção no corpo próprio, do começo e do fim da pulsão"*. A possibilidade da dor sofrida surge no momento do afivelamento, quando, após haver reversão, *"o sujeito tomou-se por termo terminal da pulsão"*. A dor só entra em jogo quando o sujeito a prova pelo outro — *"no que o fecho acabado da pulsão terá feito entrar em jogo a ação do outro?"* (Lacan, 197, 173) —, o que implica num processo identificatório do responsável pela subjetivação da pulsão. O que Lacan destaca é que Freud situa na estrutura pulsional um movimento de ida da excitação, um movimento de retorno, e a constituição de um novo sujeito. A inscrição pulsional modifica o bebê, transformando-o num sujeito. O novo é a aparição de um sujeito, anteriormente inexistente, após o retorno pulsional. O destino de toda pulsão é o de inscrever-se nas representações significantes, e essa inscrição resulta na transformação da carne (o organismo biológico) em letra. Os quatro destinos são modos diferentes de inscrição da pulsão na linguagem, sendo que a finalidade disso é funcionar como uma defesa contra a exigência pulsional, para a qual concorrem o retorno contra a própria pessoa (onde se muda a orientação sujeito-objeto) e a transformação no contrário (onde ativo se transforma em passivo), o recalque (pelo qual se fixa o representante), e a sublimação (onde se esvazia o conteúdo do objeto permitindo trocá-lo por outros objetos).

Para Freud, a discussão sobre a sexualidade humana tem como ponto de partida o auto-erotismo, pois o situa como o extrato sexual mais primitivo, como um estado inicial da libido. As pulsões auto-eróticas *"ali se encontram desde o início, sendo portanto, necessário que algo seja adicionado ao auto-erotismo — uma nova ação psíquica —, a fim de provocar o narcisismo"* (1914, 93). O que tem de ser acrescentado para o narcisismo se constituir é o eu: o sujeito toma a imagem de si, do corpo próprio, como objeto sexual, retirando a libido dos objetos e deslocando-a para o eu — é a libido do eu. O narcisismo implica o eu, enquanto o auto-erotismo é um modo de funcionamento libidinal sem o eu, onde o objeto sexual é a parte do corpo do sujeito, o que corresponde na gramática pulsional ao tempo reflexivo do verbo: chupar-se, morder-se, torturar-se, olhar-se.

No estado auto-erótico, a atividade pulsional como o *"fazer-se objeto para a ação"*, fazer o próprio corpo (parte dele) objeto da ação pulsional implica tanto o tempo ativo como o passivo. O tempo reflexivo da atividade auto-erótica é justamente o momento da articulação desses dois tempos em que se conjugam o sujeito e o objeto. O sujeito (ativo) da pulsão auto-erótica toma seu próprio corpo como objeto sexual (passivo). O que permite então a articulação? Precisamos antes saber o que permite que um objeto se coloque como objeto sexual, ou seja, como se constitui um objeto para a pulsão.

Freud articula três noções fundamentais, apoio, auto-erotismo e zona erógena, para situar a primeira marca essencial na sexualidade humana e analisa o modelo da oralidade para situar o objeto da pulsão. Na pulsão oral, o seio (não o alimento) é o objeto. Contudo, para que esse objeto se constitua no registro sexual, há necessidade de que seja perdido. Em os "Três ensaios sobre a teoria da sexualidade", Freud situa uma seqüência temporal, onde a pulsão se separa do apoio nas funções corporais e constitui o objeto real da pulsão. Nessa separação, ocorre antes a satisfação plena através do encontro com o objeto e a sua perda. Portanto, a presença e ao mesmo tempo a ausência do objeto numa experiência de satisfação é o momento anterior e fundador do objeto pulsional, isto é, da sexualidade.

"Numa época em que os inícios da satisfação sexual ainda estão vinculados à ingestão de alimentos, o instinto sexual tem um objeto sexual fora do corpo do próprio infante, sob a forma de seio da mãe. Somente mais tarde é que o instinto perde esse objeto, bem na época em que a criança pode formar uma idéia total da pessoa a quem pertence o órgão que lhe está dando satisfação total. Via de regra, o instinto sexual torna-se então auto-erótico (...). Há, portanto, bons motivos para que uma criança que suga o seio da mãe se tenha tornado o protótipo de toda relação de amor. O encontro com um objeto é, na realidade, um reencontro dele" (Freud , 1905, 228).

Sugar o seio é o protótipo do amor e o encontro com o objeto é reencontro. Isso implica a idéia de perda do objeto, de um objeto que precisa ser abandonado para que a pulsão faça uma volta sobre si mesma. Significa também a existência de objetos substitutivos. *"É claro que o comportamento de uma criança que se dedica a chupar o dedo é determinado pela busca de algum prazer que já foi experimentado e agora é lembrado. ... Foi a sua primeira e mais vital atividade, sugando o seio da mãe ou substitutos dele, que deve tê-la familiarizado com este prazer"* (Freud, 1905, 186).

A experiência de satisfação aparece, pois, como anterior ao auto-erotismo. Esse objeto fora do corpo, que é o peito materno, aparece como um outro inesquecível objeto do desejo, de uma originária experiência de satisfação sexual: um mítico encontro entre o sujeito e o objeto da satisfação. Esta satisfação plena, obtida na pré-história individual pelo encontro com o objeto — *das Ding* —, deixa marcas no aparelho psíquico (representações / significantes), que serão evocadas posteriormente. Estas são marcas de um ausência, de uma presença ausente, pois *das Ding* freudiana, o objeto absoluto, é um mito, uma ficção para falar de um real — é a experiência originária de um gozo. A Coisa freudiana é, na verdade, a experiência da falta dessa plenitude, um objeto sempre perdido, o impossível da busca e do desejo.

Essa experiência mítica de satisfação se dá na relação do recém-nascido com o semelhante, o próximo. Nesse encontro com o Outro materno (o *Nebenmensch*), o próximo como Coisa se divide em duas partes, *"uma das quais se apresenta como uma estrutura constante e unificada em si mesma, permanece como coisa, enquanto a outra se deixa compreender por um trabalho de rememoração, ou, dito de outra maneira, deixa-se levar ante o anúncio de um movimento do próprio corpo"* (Freud, 1895, 438). Assim, para Freud, na experiência originária de gozo, há uma divisão entre a coisa em si e os seus traços, os objetos. Lacan diverge dessa colocação, ao situar a divisão no seio da própria *Ding* (Juranville, 1987, 190).

A realização desiderativa será a evocação dessa percepção, a qual Freud chama identidade de percepção. A realização se cumpre quando reaparece a percepção, sendo seu instrumento a alucinação. A alucinação, como produto da inversão na direção da corrente de excitação (orientação regressiva), aponta para o traço mnésico específico da experiência de satisfação original (Rabinovich, 1988, 12). A *Ding*, o objeto perdido, como ficção do real, não é o corpo da Mãe, é a Mãe enquanto "a coisa em si" kantiana, um *a priori* para situar a verdade do desejo, sua carência. Segundo a ótica lacaniana, é o significante no real.

A *Ding*, o Outro primordial — o Outro pré-histórico, não o objeto — externo, o objeto lançado aí, *Gegenstande*, é o lugar da própria ficção desiderativa, é o lugar do Outro originário do desejo, o Outro real, a Mãe, mas não como mulher do pai. É o lugar da plenitude e da falta de plenitude, é o corpo atravessado pela castração (por uma falta), lugar do Desejo do Outro, não do objeto. *Ding* é o *a priori* porque é a condição para que o desejo exista, *Ding* é mais um desobjeto que um objeto, porque é simplesmente uma estrutura em sua abertura (o inconsciente como real). É, enfim, um fantasma de objeto mais que a experiência dele. Lacan situa aí a dimensão do Gozo do Outro, o sujeito no seu lugar original, onde ele será chamado para constituir-se como sujeito desejante.

Lacan diz ser esse *a priori* em que o objeto absoluto implica — *das Ding* — a encarnação de um significante, o significante no real, porque a *Ding* é muda, silenciosa, já que não pertence ao aparato psíquico (campo das representações / significantes). Embora ausente, ela não deixa de fazer presença, porque deixa um vazio que não pode ser preenchido adequadamente por objeto algum. É em torno desse vazio central que as representações (significantes) se organizam, iniciando-se as demandas. Possuir a *Ding* é cometer o incesto, cessar toda demanda devido à realização do que é impossível, sendo que o que aí orienta os encontros com os objetos são os traços do objeto, o nível da *sache,* da representação da coisa. Desejar a Mãe é desejar a *Ding,* algo só atingível enquanto *sache*, os belos olhos do Homem de areia.

A *Ding,* como experiência primária do gozo, é a presença de uma ausência que se personifica no aparelho psíquico através de signos. Esses signos da presença são uma representação desse Outro inesquecível, *"são rastros enganosos de uma presença impossível de conjurar"* (Rabinovich, 1988, 14). O traço da Coisa não é uma estrutura significante, porque o ser, ser percebido e ser pensado se conjugam. A ausência tem de se separar da presença, e, além disso, coloca Safouan, *"ser representada, se constituir uma representação pura, a representação da representação"* (1988, 95).

"O traço precisa ser apagado na percepção para que passe à memória" (Lacan, 1979, 48) e possa ser evocado como lembrança. Apagar o traço implica, portanto, em representá-lo no aparelho. A *Vorstellung* só não basta, porque a representação como elemento imaginário do objeto oferece uma substância de aparência, uma aparição, um fantasma. É necessário que um representante ideativo — um significante — venha aí no lugar dessa presença ausente. *"No nível da* Vorstellung, *é preciso que algo permaneça não assimilável, excluído da organização psíquica, ou, melhor ainda, de um 'interior excluído', em torno do qual a organização psíquica se faz"* (Garcia-Roza, 1990, 90). Excluído, segundo Lacan, do *Real-Ich* (Eu-realidade), porque não há nesse nível realidade psíquica constituída. *Das Ding,* no nível do auto-erotismo, é o que deve ser excluído do real psíquico para não se apresentar como uma aparição, um corpo estranho, uma presença hostil.

O *Real-Ich* é um estado originário do psiquismo, sem distinção entre eu-mundo exterior, prazer-desprazer, onde o eu satisfaz as pulsões em si mesmas. Através da ação muscular, o *Real-Ich* distingue estímulos dos quais pode fugir e estímulos para os quais a fuga é inútil. Separa-se assim o que é agradável, bom e amável — o *Lust-Ich* (Eu prazer) — do campo do *Unlust,* do objeto como resto, estranho e odiado (Lacan, 1979, 180). Nesse nível o que funciona são as *Ichtrieb,* as pulsões do eu, e não as pulsões sexuais. É aí que Freud funda o amor, no nível do *Ich* que é não-pulsional. *"Tudo que é assim definido no nível do* Ich *só toma valor sexual ..., em função da apropriação de cada um desses campos, sua apreensão por uma das pulsões parciais"* (1979, 181).

O *Real-Ich* se transforma num Eu purificado, Eu prazer, gerando uma primeira organização, uma organização psíquica que gira em torno da repartição dos objetos entre bom - agradável - mau - desprazeroso. *"O auto-erotismo consiste em (...) que não haveria surgimento de objeto, se não houve 'objetos bons para mim'"* (Lacan, 1979, 180). *Das Ding* passa a não habitar o interior ou o centro do *Real-Ich,* porque à *Vorstellung* (a representação) que porta uma significação se acrescenta o *Repräsentanz* (representante), que diz respeito à função de ser representante de. Através da noção de representante, isto é, no nível do significante, *das Ding* pode se constituir como interior excluído, pois a representação da percepção não coincide com a representação-lembrança, porque algo no significante sinaliza a coisa, um índice ou testemunha de *das Ding* como objeto perdido. Esse índice não é o vazio, é o objeto *a* enquanto aquilo que indica que o objeto está ausente, é o índice de que *das Ding* foi estabelecida como excluído do *Real-Ich,* constituindo assim a realidade psíquica, ou seja, o buraco central que o recalque originário instaura.

A Coisa deve ser alucinada, isto é, é preciso que se realize o pensamento da Coisa, que se acredite percebê-la, para que não se abrace um vazio. O objeto tem de aparecer, mostrar o que ele é, ser afirmado, antes que se decida sobre sua existência. *"É a ausência de satisfação esperada, a desilusão que tem por conseqüência a substituição dessa via de satisfação pela via alucinatória"* (Safouan, 1988, 29). No esquizofrênico, a não-existência dessa afirmação primordial impede que o processo de recalque opere, transformando a Coisa materna num objeto perdido, simbolização mostrada por Freud no jogo *Fort-Da,* onde a criança busca fazer desaparecer o objeto representante da mãe, o carretel, para dominar a dor de separação.

O objeto da pulsão é a *Ding,* o objeto como perdido, isto é, a pulsão faz seu trajeto em torno do objeto perdido. Nos "Três ensaios", Freud situa o objeto sexual fora do corpo da criança, o seio da mãe, como objeto que será perdido para que se constitua a pulsão sexual auto-erótica (1905, 228). Da sucção do seio materno ao beijo dos lábios da amada, o sujeito passa pela sucção do dedo, o chupar-se que se desenvolve em torno da perda do objeto primeiro. O efeito dessa perda no lugar da zona erógena isolada faz-se ver na tríplice substituição que ocorre: uma excitação do exterior se projeta sobre a superfície corporal substituindo a excitação endógena, e absorvendo-a. A resposta da mãe, que consistia em oferecer o objeto da necessidade, é substituída pelo gesto do sujeito, e a satisfação da necessidade é substituída por outra satisfação (Freud, 1905, 189).

Essa tríplice substituição — uma tensão aliviando outra tensão, a resposta do Outro sendo substituída pelo gesto do sujeito (o sugar), a satisfação da necessidade sendo apagada por uma satisfação a mais (o mais-gozar) — modifica radicalmente a relação do sujeito com seu corpo pois, nessa substituição de uma excitação por outra, o objeto perdido é substituído pelo corpo do sujeito. O chupar-se representa aqui o gesto do sujeito, onde ele mesmo traça sobre o corpo próprio o contorno do objeto perdido. Representar o próprio corpo no lugar do objeto perdido significa não estar mais numa posição onde o sujeito é corpo entregue ao capricho do Outro, para estar numa posição onde ele tem um corpo que oferece a seu próprio serviço.

No sugamento, o sujeito se divide, está do lado do Outro e do lado do corpo, e, entre os dois, a zona erógena faz borda, traça um lugar de trocas. Ou seja, o sujeito se divide entre o que suga e o corpo que é sugado, a boca — o buraco pulsional. Na atividade auto-erótica, o sugar-se significa que o sujeito se faz objeto para a ação que implica em um sugar ativo e um sugado passivo conjugados no próprio corpo do sujeito. Para que esse corpo seja o lugar em que se dá essa conjugação, ele tem que ser concebido de forma a permitir o trajeto circular da pulsão parcial, isto é, como objeto simbólico, do contrário, o movimento de ida da pulsão — o sugar — se esgotaria no objeto-coisa.

Freud, no texto "Além do princípio de prazer" situa a Pulsão de Morte como responsável pela simbolização da Coisa materna — esse primitivo seio da satisfação plena —, isto é, é a Pulsão de Morte o que coloca o seio como objeto perdido. Assim, o corpo do sujeito tem que estar situado no lugar do objeto perdido, isto é, o lugar onde irá se esvaziar de conteúdos, se constituindo como pura superfície, como contorno. O sujeito ($) então não é nem a mãe, nem o seio, mas ele se divide entre a causa simbólica (*a*) (sugar — ser sugado) e sua causa real (o buraco pulsional), elementos que compõem a fórmula do fantasma ($ ◊ a). Em síntese, coloca Serge André, *"o sujeito retorna do exterior, batendo à porta de seu próprio corpo, a pulsão encontrando nessa divisão a causa de sua bipolaridade fundamental atividade-passividade"* (1986, 104), separando, assim, o gozo do corpo.

Essa metáfora primordial, cujo efeito é a separação do sujeito com o Outro, e a exteriorização do sujeito em relação ao seu próprio corpo é que o esquizofrênico fracassa em realizar, o que o conduz aí a retornar de modo repetitivo. Como o objeto primeiro não está perdido, o sujeito está colado no

Outro, prisioneiro de um corpo entregue ao erotismo do Outro. Ao se analisarem as condutas auto-eróticas dos esquizofrênicos, percebe-se que são tentativas ineficazes de isolar uma borda, uma fronteira sobre a qual a pulsão pudesse se fundar. O auto-erotismo do esquizofrênico é, portanto, um fracasso na montagem primeira da pulsão.

Por que o orifício não se fecha no esquizofrênico? O que ocorre no Outro materno, que ajuda a esclarecer esse fracasso?

A mãe dá o seio à criança, esse peito é significante do amor e do desejo. Vive-se por ele e se é ele. A criança incorpora canibalisticamente o objeto ofertado. Assim, se tem o seio, tem tudo, faltando não há nada. A unidade fusional não é mãe e filho, é seio-bebê. Não há eu, nem não-eu. Há uma dissolução de todos os limites, um estado de gozo sem representação do gozo. O bebê desaparece no seio que suga, a mãe desaparece no seio que oferta, não há nem um nem outro. Portanto, o peito não pertence nem ao sujeito, nem ao Outro, ele está entre os dois. Ao ser simbolizado, o seio deixa um lugar vazio, entre o sujeito e o Outro, lugar do objeto perdido, do objeto *a* que será preenchido por uma multiplicidade de objetos.

O que a criança aí incorpora é uma relação fantasmática, porque o seio é o corpo da mãe enquanto falo. Ela goza de ter o falo e de dar o falo, que pode ser expressado da seguinte forma: "eu desejo e você é o objeto do meu gozo". Gozo de ser chupada. Ao qual a criança responde sendo a boca que chupa o seio.

A mãe não é o seio, ela se faz seio, ou seja, o seio é metonímia da mãe, significa que no seu inconsciente há um corte entre ela e o bebê, corte que instaura o corpo do bebê em descontinuidade com o corpo dela. Essa cisão, na metáfora do corte do cordão umbilical, ilustra uma ruptura do fluxo, da libido que existia entre os dois corpos em continuidade. Nessa ruptura, o que se perde é a placenta, que carrega junto parte da libido. O corpo fechado, o *um*, se rompe, constituindo o ser, o Outro e o objeto perdido — o pedaço do real arrancado da mãe, por ela ter uma marca no inconsciente que lhe interdita reintegrar seu produto.

A mãe do esquizofrênico o concebe em seu inconsciente como objeto parcial, que lhe veio preencher a falta, fantasmaticamente, ele é o pênis do corpo da mãe. A criança é interditada, não pode desejar, o corpo da criança fica alienado como parte do corpo da mãe, ela não pode imaginarizar um desejo, alucinar o objeto do desejo. No esquizofrênico, quando há separação, ele perde o seio antes que esse se torne um objeto. É isso que se vê nas anorexias graves, onde se recusa o seio na tentativa de construir o objeto como perdido. O seio não se torna primeiro objeto porque, como não foi feito luto da placenta, não pode haver deslocamento da erogenização do umbigo à boca. Se o cordão não é perdido, ele fica vivo ou no corpo do sujeito ou no corpo da mãe. Não há então separação, é o que se vê no romance *O perfume* quando o autor descreve o nariz como vivo — ele tem asas, infla, persegue seus objetos. O objeto, quando não é metonímia da mãe, é um objeto real, é um objeto em perda ou em agonia, como relatam alguns esquizofrênicos.

Para o objeto se tornar metonímico, ele precisa, num primeiro tempo, ser um pedaço destacado do objeto total — o seio sobre a mãe e, num segundo tempo, a parte destacada se torna representante da representação — o seio por uma mãe. Aqui, o objeto representa a totalidade, o que, na metáfora lingüística, implica em tomar a vela pelo barco. É esse segundo tempo lógico que se encontra ausente na mãe do esquizofrênico, devido ao modo como ela vive a maternidade, porque ela ou está numa inveja do pênis, ou porque está numa nostalgia de um objeto perdido. Ela se sente vampirizada pela criança, ou ela se dá no seio, ou ela recusa alimentação / cuidados à criança. Ao se dar como seio, ela se destaca como objeto parcial, mas como não faz distinção entre placenta-cordão e criança, a criança-placenta será o outro-vivo — o pênis, o qual ela amará ou matará. No romance *O perfume*, a relação da mãe com Grenouille, no nascimento, ilustra a posição que o esquizofrênico ocupa no fantasma da mãe. Ele é o seu quinto, a coisa que a vampiriza, coisa viva que representa o irremediavelmente perdido (o projeto de um dia se casar e ter filhos de verdade), coisa de cuja morte ela não se sente culpada, mas antes, vítima.

Na esquizofrenia, o filho está identificado ao pedaço do corpo que falta à mãe. Ele não pode aceder à totalidade, porque como parte constitutiva desse todo não pode se destacar. O filho realiza no seu corpo e no seu ser o desejo da mãe da qual ele é dependente. Assim, no romance, Grenouille é o nariz/boca da mãe, essa mulher cujo nariz é insensível aos cheiros, a assassina. Para que a criança passe do pênis para o falo, deslocamento imaginário que abre as portas ao desejo da criança, esta criança precisa ser a metáfora do amor que uma mulher tem pelo pai. Uma mulher pode se dirigir ao pai, como um objeto parcial, ou como objeto total. No primeiro caso, a mãe está em posição de gozo, enquanto que, no segundo, ela está como desejante e o pai como ser que goza. Essa situação permite não só que surja um terceiro elemento que fará o corte, como situa a mãe com um desejo enigmático, indefinível. Nessa situação, a criança se encontra frente a um vazio, o qual permitirá que ao se dirigir ao Outro materno a pergunta "o que ela (Outro) quer?" ela possa responder com uma fantasia, por ter tido acesso ao desejo. Portanto, a condição do lado materno é a de ter amor por um homem além de sua condicão de objeto peniano.

Em síntese, se a criança e o pai são considerados pela mãe como prolongamentos penianos, que preenchem e apagam sua divisão de sujeito, a criança não pode aceder ao objeto como perdido. A criança é incorporada pela mãe, é possuída, a mãe a tem; o falo para ser transmitido precisa ser despossuído, deve se tornar objeto imaginário do processo de castração. A mãe de um esquizofrênico, quando inquirida sobre o desenvolvimento do filho na infância, diz que o que recorda é que ele já nasceu homem. Homem como todos os outros de sua vida, o pai, os irmãos e o marido, todos homens que a aterrorizavam.

A incorporação oral primitiva, que Freud coloca como identificação ao Pai da pré-história — a pessoa total, como ideal e protótipo — é uma identificação direta e imediata, que no romance é colocada como a identificação com o morto — a mãe assassina. Grenouille incorpora o morto e a morte que aí se reúne, para então se mortificar. Introduz no corpo um pedaço de corpo real, numa espécie de negação da ausência, é a mão da mãe, mão que corta, estrangula, escama, eviscera. Este signo é o que o coloca numa relação de filiação, ele é "o bastardo da assassina". Através desse pedaço de corpo, ele é mão e braços que trabalham como um animal, o sujeito se sustenta e se mantém sem a mãe. Esse pedaço do corpo revela uma presença quase alucinada: ele, o assassino, presença percebida mas não agarrada. Essa mão representa a libido, o vivo, na continuidade com o corpo da mãe, é um significante do Outro materno, com o qual Grenouille se identifica: sua primeira palavra não foi peixe?

Nos atos de Grenouille (a série de crimes) se verifica que é o agir que lhe dá certeza do seu ser. O gozo não estando fora do corpo, não limita a pulsão. A pulsão está desconectada do inconsciente, cuja atividade rememorativa impediria o agir, a pulsão também não se estrutura permitindo que o sujeito se constitua em oposição ao ser. Grenouille não pode se cheirar, tomar alucinatóriamente uma parte do própio corpo pela totalidade do corpo do Outro, porque seu corpo está alienado à Coisa fálica. Seu ser é um ser de gozo puro isolado, e o objeto está à mão: a pele cheirosa da virgem. O esquizofrênico sabe qual é o objeto do seu gozo, em cada ato, cai um objeto: a pele cheirada que revela o mais íntimo do ser do sujeito: ser em pedaços, objeto parcial do Outro materno.

Grenouille precisa excluir do *Real-Ich* um interior — a *Ding*. A Coisa materna enquanto representa o gozo não localizado é uma presença hostil, um corpo estranho, um interior incluído. É a névoa que, ao se aproximar, ameaça Grenouille, sufoca-o, estrangula-o. A névoa como representação da *Ding* é uma *Vorstellung*, e a captação imaginária da experiência de satisfação: do gozo do Outro.

É o corpo da Coisa que o sufoca, que tira a vida pela boca. A pulsão oral tenta captar a Coisa — esse Outro absoluto que emerge como um campo vazio, um buraco que atrai e devora tudo que estiver ao seu redor. O corpo de Grenouille em continuidade com o corpo da Mãe é também um buraco aberto a tudo e a todos. Buraco aberto que não pode se fechar porque é preso ao imperativo superegóico materno: cheire. Grenouille revela assim seu ser, ser puro orifício, um buraco, uma esfera, um ser completo em gozo.

Enfim, a impossibilidade de representar a representação da *Ding* e constituir o objeto perdido resulta no fato de Grenouille apresentar um modelo de uma organização pulsional que não pode se fechar. Como objeto *a*, puro buraco, o sujeito é sem discurso, falta-lhe o dizer que o constituiria num sujeito desejante. Ele é um todo — o nariz — que na sua completude esférica se apresenta como um quasar negro que tudo pode aspirar. O movimento de cheirar evidencia assim a face do objeto real, um buraco que tudo traga, onde o mundo como pura exterioridade é vazado de significação se constituindo a partir da explosão do buraco como num *big-bang*. Seu delírio: o mundo, essa imensa bacia de perfumes, precisa ser catalogado e classificado de acordo com a essência aromática da "A mulher".

BIBLIOGRAFIA

ALTHUSSER, L. - "Freud et Lacan" in *Nouvelle Critique* (161-162), 1964-64.

ANDRÉ, S. - "La pulsion chez schizofrenè", in *Ornicar?*, 36. Paris, Navarin Ed, 1986.

ANÔNIMO - "Le clivage du sujet e son identification", in *Scilicet* 2/3, Paris, Seuil, 1970.

ASSOUN, P-L - *Introdução à epistemologia freudiana.* Rio de Janeiro, Imago, 1983.

ATTIÉ, J. - *A questão simbólica.* Salvador, Ed. Fator livraria, 1987.

BIRMAN, J. - *Freud e a experiência psicanalítica.* Rio de Janeiro, Livraria Taurus - Timbre, 1989.

BIRMAN, J. - "Entre o inconsciente e a pulsão", in *Cadernos de Psicanálise.* Ano XIII, número 7, 1991. Círculo Psicanalítico do Rio de Janeiro. Rio de Janeiro, Dumará Ed., 1991.

BIRMAN, J. - *A constituição da psicanálise.* Rio de Janeiro, Relume Dumará, 1991.

BIRMAN, J. - *Ensaios de teoria psicanalítica, Parte 1 : Metapsicologia, pulsão, linguagem e sexualidade.* Rio de Janeiro, Jorge Zahar Ed., 1993.

BUARQUE, de Holanda, S. - *Novo dicionário da Língua Portuguesa*, Rio de Janeiro, Ed. Nova Fronteira, Primeira edição.

CARCELLER, C. - "L'impulsion dans la psychose" in *La Clinique Différentielle des Psychoses.* Paris, Navarin Ed.

CARDOSO E CUNHA, B. - *Psicanálise e estruturalismo.* Lisboa, Assirio e Alvim, 1981.

CESAROTTO, O. - *No olho do outro.* S.P., Ed. Max Limonad, 1987.

CORTÉS, R.Y. - *El efecto de fascinación. Teoria filosófica de um conceito psicanalítico.* B. Aires, Catálogos Ed., 1986.

ECO, U. - *Sobre os espelhos e outros ensaios.* R.J., Nova Fronteira, 1989.

ECO, U. - *A estrutura ausente,* S.P., Perspectiva, Primeira edição.

FREUD, S. - Edição Standart Brasileira das Obras psicológicas completas de Sigmund Freud. Rio de Janeiro, Imago.

_____. 1895 - "Projeto para uma psicologia científica." - v. I

_____. 1895 - "Psicoterapia da histeria." - v. II

_____. 1900 - "A interpretação dos sonhos." - v. V

_____. 1901 - "Psicopatologia da vida cotidiana." - v. VI

_____. 1905 - "Os chistes e sua relação com o inconsciente." - v. VIII

_____. 1905 - "Três ensaios sobre a teoria da sexualidade." - v. VII

_____. 1909 - "Análise de uma fobia de um menino de 5 anos." - v. X

_____. 1909 - "Notas sobre um caso de neurose obsessiva." - v. X

_____. 1910 - "A significação antitética das palavras primitivas." - v. XI

_____. 1914 - "Sobre o narcisismo: uma introdução." - v. XIV

_____. 1915 - "Os instintos e suas vicissitudes." - v. XIV

_____. 1915 - "O inconsciente." - v. XIV

_____. 1915 - "Repressão" - v. XIV

_____. 1917 - "Conferências introdutórias sobre psicanálise" - v. XVI

"Conf. XX - A vida sexual dos seres humanos".

"Conf. XXI - O desenvolvimento da líbido e as organizações sexuais".

"Conf. XXVI - A teoria da líbido e o narcisismo".

_____. 1919 - "O estranho" - v. XVII

_____. 1920 - "Além do princípio de prazer" - v. XVIII

_____. 1922 - "A cabeça de medusa" - v. XVII

_____. 1923 - "A organização genital infantil - uma interpretação na teoria da sexualidade" - v.XIX

_____. 1924 - "O problema econômico do masoquismo" - v. XIX

_____. 1925 - "Inibição, sintoma e ansiedade" - v. XX

_____. 1932 - "Novas conferências introdutórias sobre psicanálise - v. XXII - Conf. XXII - Ansiedade e vida instintual"

_____. 1937 - "Análise terminável e interminável" - v. XXIII

_____. 1940 - *Esboço de psicanálise* - cap. II - "A teoria dos instintos". - v. XXIII

GARCIA-ROZA, L. A. - *Acaso e repetição em psicanálise: uma introdução à teoria das pulsões.*- Rio de Janeiro, Jorge Zahar Ed., 1986.

GARCIA-ROZA, L. A. - *O mal radical em Freud.*- Rio de Janeiro, Jorge Zahar Ed., 1993.

GARCIA-ROZA, L. A. - *Introdução à metapsicologia.* - v. III, Rio de Janeiro, Jorge Zahar Ed., 1995.

GEBER, D. - "La repression y el inconsciente" in *La re-flexion de los conceptos de Freud en la obra de Lacan.* México, Liglo Veintiuno, 1983.

GREEN, A. - "L' objet *a* de J. Lacan, sa logique et la theorie freudienne". in *Les Cahiers pour l'analyse,* 3. Paris, Seuil, 1966.

GINESTET - DELBREIL, S. - *L' appel de transfert et la nomination.* Paris, Inter Editions, 1987.

HARARI, R. - *Del corpus freudo-lacaniano.* Buenos Aires, Ed.Trieb, 1981.

HARARI, R.-*Discurrir al psicoanalisis.* Buenos Aires, Nueva Vision, 1985.

HARARI, R. - *Los quatro conceptos fundamentales del psicoanálises de Lacan: una introducion.* Buenos Aires, Nueva Vision, 1987.

HOFFMANN, E.T.A. - *Contos sinistros.* S.P. Ed. Max Liminad, 1987.

HUOT, H. - *Do sujeito à imagem: uma história do olho.* S.P., Escrita, 1991.

JULIEN, P. - *Le retour à Freud de Jacques Lacan - L'application au miroir.* Paris, Ed. Eres.

JURAINVILLE, A. - *Lacan e a filosofia.* R.J., Jorge Zahar, Ed. 1987.

KOOP, G.L. (coord.) - *El psicoanálisis y las teorias del lenguaje.* Buenos Aires, Catálogos, Ed. 1988.

KRISTEVA, J. - *No princípio era amor: psicanálise e fé.* São Paulo, Ed. Brasiliense, 1987.

LACAN, J. - "Résponses à de étudiants en philosophie sur l'object de la phychanalyse". in *Les Cahiers pour l'analyse,* número 3. Paris, Seuil, 1966.

LACAN, J. - "O estádio do espelho como formador da função do je" - apostila do Centro de Estudos Freudianos de PortoAlegre.

LACAN, J. - *Escritos II.* Buenos Aires, Siglo Veintiuno Ed. 1978.

"La agressividad em psicoanálisis"

'Subversão do sujeito e dialética do desejo no inconsciente freudiano".

"Observación sobre el informe de Daniel Lagache: "Psicoanálisis y estructura de la personalidad"."

"Posición del inconsciente".

"Del "Trieb" de Freud y del deseo del psicoanalista".

"De una cuestión preliminar a todo tratamento posible de la psicosis."

LACAN, J. - Seminário I - *Os escritos técnicos de Freud.* Rio de Janeiro, Zahar, Ed. 1979.

LACAN, J. - Seminário III - *As psicoses.* Rio deJaneiro, Jorge Zahar Ed., 1985.

LACAN, J. - Seminário IV - *A relação de objeto.* Rio de Janeiro, Jorge Zahar Ed., 1995.

LACAN, J. - Seminário VII - *A ética da psicanálise.* Rio de Janeiro, Jorge Zahar Ed., 1988.

LACAN, J. - Seminário XI - *Os quatro conceitos fundamentais da psicanálise.* Rio de Janeiro, Zahar Ed., 1979.

LAPLANCHE, J. - *La sexualidad* . Buenos Aires, Ed. Nueva Vision, 1980.

LAPLANCHE, J. - *Vida e morte em psicanálise.* Porto Alegre, Ed. Artes Médicas, 1985.

LAPLANCHE, J. - *Novos fundamentos para a psicanálise.* Lisboa, Edições 70, 1988.

LAPLANCHE, J e PONTALIS J-B - *Vocabulário da psicanálise* . São paulo, Livraria Martus Fontes, Terceira edição.

LECLAIRE, S. - *Desmacarar o real.* Lisboa, Assirio Alvin, 1977.

LECLAIRE, S. - *O corpo erógeno.* Rio de Janeiro, Ed. Chaim Samuel Katz, 1979.

LECLAIRE, S. - "L'angoisse de l'assujetti devant le pas d'un" in *Lettres de L'École*, número 26. Paris, Claude Conte Ed., 1979.

LECLAIRE, S. - *Um encantamiento que se rompe.* Barcelona, Gedisa, 1983.

LEFORT, R. - *O nascimento do Outro.* Salvador, Ed. Fator Livraria, 1984.

LEFORT, R. - "Image et Object séparés ou confundus?" in *Image et Object.* Analytica, vol. 47. Paris, Ed. Navarin.

MACI, Guilhermo A. - *La otra escena de lo real: topologia del significante y espacios del sujeto.* Buenos Aires, Ed. Nueva Vision, 1979.

MAGNO, M. D. - *O pato lógico.* Rio de Janeiro, A outra.

MAGNO, M. D. - *A música.* Rio de Janeiro, A outra.

MAGNO, M. D. - *Psicanálise e politica.* Rio de Janeiro, A outra Ed.

MASOTTA, O. - A *dualidade psíquica: modelo pulsional.* Campinas/ São Paulo, Papirus, 1986.

MILLER, J. A. - "D'un autre Lacan" in *Ornicar?* , 28, Paris, Seuil.

MILLER, J. A. - Seminário inédito de 1984, *1, 2, 3, 4.*

NASIO, J .D. - *Les yeux de Laure- chronique d'un regard.* Paris, Aubier, 1987.

NASIO, J. D. - *El magnifico niño del psicoanalisis*, Barcelona, Gedisa, 1985.

NASIO, J. D. - *Nos limites da transferência.* São Paulo, Papirus, 1987.

POMMIER, G. - *A excessão feminina - os impasses do gozo.* R.J., Jorge Zahar, 1987.

POMMIER,G. - "O inconsciente e o Isso", Conferência inédita na Escola de Psicanálise de Niterói em 16/08/1986.

RABINOVICH, D. S. - *El concepto de objeto en la teoria psicoanalitica.* Buenos Aires. Ed. Manantial, 1988.

ROUDINESCO, E. - *História da psicanálise na França,* Volume I. Rio de Janeiro, Jorge Zahar Ed, 1989.

SAFOUAN, S. - *El ser y el placer.* Barcelona. Ed. Petrel, 1982.

SILVESTRE, M. - *Demain la psychanalise.* Paris, Navarin,1987.

SPITZ, Rene - *El primer año de vida del niño.* México, Fondo de Cultura Económica, 1969.

THIS, B. - *O pai: ato de nascimento.* Porto Alegre, Artes Médicas, 1987.

TORT, M. - "El Concepto Freudiano de Representante" in *El concepto de realidad in psicoanalisis.* Buenos Aires, Ed. Socionalisis, 1974.

TRIAS, E. - *Lo bello y lo sinistro.* Barcelona, Ed. Ariel, 1988.

VALLEJO, A. e MAGALHÃES, L. C. - *Lacan: operadores de leitura.* S.P., Perspectiva, 1981.

VALLEJO, A. e MAGALHÃES, L. C. - *La topologia de J. Lacan: del narcisismo.* Argentina, Helguero, Ed.1979.

VASSE, D. - *O umbigo e a voz.* S.P., Ed., Loyola, 1977.

VEGH, I. - *La clinica freudiana.* Buenos Aires, Lugar, 1984.

WINE, Noga -*Pulsão e inconsciente: a sublimação e o advento do sujeito.* Rio de Janeiro, Jorge Zahar Ed., 1922

markgraph
Rua Aguiar Moreira, 386 - Bonsucesso
Tel.: (021) 564.1056 Telefax.: (021) 270.9656
Rio de Janeiro - RJ